ACCESO GRATIS ***a la Lectura en la Nube***

Para visualizar el libro electrónico en la nube de lectura envíe junto a su nombre y apellidos una fotografía del código de barras situado en la contraportada del libro y otra del ticket de compra a la dirección:

ebooktirant@tirant.com

En un máximo de 72 horas laborales le enviaremos el código de acceso con sus instrucciones.

DERECHO CONSTITUCIONAL DEL ENEMIGO

RADIOGRAFÍA CRÍTICA Y TÁCTICAS DE CONTENCIÓN

Procedimiento de selección de originales, ver página web:
www.tirant.net/index.php/editorial/procedimiento-de-seleccion-de-originales

DERECHO CONSTITUCIONAL DEL ENEMIGO

RADIOGRAFÍA CRÍTICA Y TÁCTICAS DE CONTENCIÓN

JORGE MARTÍNEZ RAZO

tirant lo blanch
Ciudad de México, 2025

En caso de erratas y actualizaciones, la Editorial Tirant lo Blanch publicará la pertinente corrección en la página web www.tirant.com/mex/.

© TIRANT LO BLANCH
DISTRIBUYE: TIRANT LO BLANCH MÉXICO
Av Tamaulipas 150, Oficina 502
Hipódromo, Cuauhtémoc, 06100, Ciudad de México
Telf.: +52 15565502317
infomex@tirant.com
www.tirant.com/mex/
www.tirant.es
ISBN: 979-13-7010-408-5

Si tiene alguna queja o sugerencia, envíenos un mail a: *atencioncliente@tirant.com*. En caso de no ser atendida su sugerencia, por favor, lea en *www.tirant.net/index.php/empresa/politicas-de-empresa* nuestro procedimiento de quejas.

Responsabilidad Social Corporativa: http://www.tirant.net/Docs/RSCTirant.pdf

Índice

Resumen: La evolución de tendencias autoritarias a manifestaciones más sofisticadas, como su constitucionalización, es una amenaza latente a toda democracia constitucional. La intención de este trabajo es, primeramente, demostrar que el Derecho penal del enemigo ha evolucionado hacia un Derecho constitucional del enemigo para, subsecuentemente, demostrar que su naturaleza absolutista es incompatible con un sistema que pretende ser garantista de derechos humanos. Si no se elimina o contiene, este fenómeno tiende a expandirse. Ante la ausencia de voluntad política de erradicarlo, se pueden ejecutar tácticas o medidas alternativas para contenerlo, como implementar una política criminal de persecución penal estratégica, o bien, replantear el sentido de la democracia constitucional.

Palabras clave: Derecho penal, Derecho constitucional, garantismo, enemigo, contención.

Abstract: The evolution of authoritarian tendencies to more sophisticated manifestations, such as its constitutionalization, is a latent threat to any constitutional democracy. The intention of this paper is, first, to demonstrate that the criminal law of the enemy has evolved into a constitutional law of the enemy and, subsequently, to show that its absolutist nature is incompatible with a system that claims to be a guarantor of human rights. If it is not eliminated or contained, this phenomenon tends to expand. In the absence of political will to eradicate it, alternative tactics or measures can be executed to contain it, such as to implement a criminal policy of strategic criminal prosecution, or to rethink the meaning of constitutional democracy.

Key words: Criminal law, Constitutional law, garantism, enemy, containment.

Introducción

No es casualidad que el Derecho penal sea considerado el sismógrafo de una constitución.[1] Al contrario, si consideramos al proceso penal como Binder –una serie de mecanismos para que el Estado nos ponga en unas jaulas–[2] entonces estamos –esencialmente– ante la mayor violencia que puede ejercer el Estado.

En otros textos he equiparado al Derecho penal como el Estado en su faceta de verdugo.[3] No obstante lo anterior, tampoco podemos ignorar que el Derecho penal es indispensable para la paz y seguridad de una sociedad. Por lo que, hoy considero adecuado referirse al Derecho penal como Ippolito: un escudo potente, pero cortante, que puede herir tanto como las armas de las que defiende.[4]

Si consideramos que el sentido del Derecho es, más allá de aspirar a la justicia, combatir a la injusticia,[5] el espíritu del proceso penal debe ser el imponer límites al lado más violento del

---

1 Roxin, Claus. **Derecho Procesal Penal.** Traducción de Gabriela E. Córdoba y Daniel R. Pastor, revisada por Julio B. J. Maier. Argentina, Editores del Puerto, 2000, p. 10.

2 Binder, Alberto. **Introducción al derecho procesal penal.** Argentina, Editorial *Ad-Hoc,* 1999, p. 17.

3 *Véase* Martínez Razo, Jorge. "Más allá de la celda: el sistema penal mexicano en tela de juicio". Disponible en línea: **Revista Abogacía**. Edición de mayo 2024, <https://www.revistaabogacia.com/mas-alla-de-la-celda-el-sistema-penal-mexicano-en-tela-de-juicio/>. (Consulta: Mayo 2, 2024).

4 Ippolito, Darío. **El espíritu del garantismo. Montesquieu y el poder de castigar.** Traducción de Ibáñez, Perfecto Andrés, España, Editorial Trotta, 2018, p. 33.

5 Atienza, Manuel. **El sentido del Derecho**. España, Editorial Ariel, 2012.

Estado en su labor de garantizar la seguridad –física y jurídica– de la ciudadanía.[6] De esta forma, la función del garantismo penal adjetivo sería como la de un escudo ante el probable descontrol del verdugo.

La literatura académica predominante ha estudiado ampliamente el concepto del Derecho penal del enemigo y sus diversas manifestaciones a nivel mundial. A pesar de estos análisis, hasta el momento no se ha explorado a fondo la evolución de este fenómeno, especialmente en México después de las reformas constitucionales del 2008 en materia de seguridad pública y justicia penal y del 2011 en materia de derechos humanos. Estas transformaciones han dado lugar a una variante más sutil y perversa: el surgimiento de lo que se podría denominar como un *Derecho constitucional del enemigo.*

El Derecho constitucional del enemigo nace, paradójicamente, con la adjudicación de los derechos humanos en el sistema constitucional mexicano. ¿Por qué? Porque el control de la constitucionalidad y convencionalidad se da en normas secundarias –de rango inferior– y, derivado del bloque de constitucionalidad mexicano, el lugar de acomodo de las restricciones a los derechos humanos es la propia Constitución. Esto, bajo el argumento de que "la Constitución no puede ser inconstitucional".

La tesis que se pretende demostrar en el presente trabajo se sintetiza en las siguientes premisas teóricas:

1. El *Derecho penal del enemigo*[7] ha evolucionado hacia un *Derecho constitucional del enemigo,* entendido como un subsistema jurídico dentro del sistema de justicia pe-

---

6 Martínez Razo, Jorge, Ob. Cit.

7 Para seguir de forma fluida la doctrina en esta materia, considerando el uso mayoritario de la expresión "enemigo", en contraposición del "ciudadano", se utilizarán estas voces, sin que esto signifique algún posicionamiento académico, político, ideológico o lingüístico.

nal que adopta normas constitucionales para prever un tratamiento diferenciado en el proceso penal o en la sanción de conductas criminales, dirigido a quienes son considerados enemigos del Estado, sin necesidad de una declaración de guerra previa.

2. Aunque el avance de la protección de los derechos humanos sugiere que el Derecho penal del enemigo debería desaparecer debido a su tratamiento diferenciado e injustificado –violando principios fundamentales del proceso penal, como la presunción de inocencia y la proporcionalidad–, el Derecho constitucional del enemigo emerge como una justificación para mantener vigentes estas normas que combaten al *enemigo penal*.
3. Este fenómeno, caracterizado como *Derecho constitucional del enemigo*, se desarrolla naturalmente en el marco de una democracia constitucional, ya que busca neutralizar los mecanismos de control constitucional que, de no estar integrados en la constitución, anularían estas disposiciones contra el enemigo.
4. El Derecho constitucional del enemigo es inherente a un sistema penal de corte inquisitivo, lo que lo hace incompatible con un sistema de justicia que pretenda ser de naturaleza garantista.
5. Debido a su tendencia creciente, el *Derecho constitucional del enemigo* no puede ser admitido parcialmente en una democracia constitucional, ya que, como un cáncer, si no se extirpa, se extiende. Por ello, el *garantismo* penal y constitucional debe prevalecer para legitimar la lucha contra la criminalidad.

Bajo este entendido, el objetivo de esta investigación es efectuar una radiografía del Derecho constitucional del enemigo para, subsecuentemente, analizar críticamente sus implicaciones y estar en condiciones de proponer tácticas o medios para su contención. En esencia, se pretende vislumbrar la contraposición teleológica –o tensiones– de las restricciones constitucionales al debido proceso penal a los *enemigos* con el discurso democrático-constitucional de protección de los derechos humanos de los *ciudadanos*.

Por lo tanto, propongo estudiar este fenómeno a partir de las figuras vigentes a la redacción de este trabajo, pero de una manera crítica que permita identificar sus mutaciones en el futuro, o bien, sus variantes en las legislaciones de otros países del mundo. Más allá de la ya establecida posibilidad de que una constitución pueda ser inconstitucional, se pretende ahora "desenmascarar" o "desnudar" este fenómeno por lo que realmente representa: la habilitación de prácticas autoritarias y la contaminación de la democracia constitucional.

El primer capítulo de este trabajo se dedicará al estudio de los elementos característicos del garantismo desde la óptica constitucional y penal, con el objetivo de entender cómo se manifestaron en el sistema penal acusatorio mexicano. El segundo capítulo de este trabajo se adentrará al análisis de las nociones generales del enemigo en el campo doctrinal para, posteriormente, entender sus especificidades en el Derecho penal, así como la manera en que se manifiesta en la Constitución mexicana. Estos dos capítulos son meramente descriptivos o, en otras palabras, *lo que es*.

A través de estos dos capítulos, que de manera abstracta sirven de tesis –el garantismo penal– y antítesis –el enemigo penal–, bajo la metodología de la dialéctica, llegaremos a la siguiente síntesis: el Derecho constitucional del enemigo. Por consiguiente, en el tercer capítulo de este trabajo llevará a cabo un análisis detallado de este fenómeno, realizando un trabajo de abstracción sobre sus características específicas en el contexto mexicano; mismas que, a la postre, serán sometidas a un examen crítico. Esto es, primero se realizará una radiografía –descriptiva– de este fenómeno y luego se examinará críticamente.

Finalmente, el cuarto capítulo de este trabajo presentará una descripción de las tácticas o medios que, a criterio propio, deberían funcionar como contrapeso a, o contención de, este fenómeno, desde distintos niveles de estrategias para hacerlo. Esta sección tiene intención de formular enunciados normativos o, en otros términos, *lo que debe ser*.

Capítulo I.

Garantismo penal

"*El poder tiende a corromper y el poder absoluto corrompe absolutamente.*"[8] El garantismo resulta indispensable para limitar los abusos por parte de las autoridades pero, aún más, para controlar al Estado en su cachucha de verdugo. No debemos olvidar que el Derecho penal otorga a las autoridades su facultad más violenta: la potestad de privar de la libertad a la ciudadanía –y, en otros momentos históricos, la vida–. Si el Derecho penal es el sismógrafo de una Constitución,[9] entonces el garantismo penal es la herramienta para prevenir una crisis sísmica.

Por lo anterior, resulta relevante atender las cuestiones referentes a su surgimiento y características, como lo son: A) antecedentes; B) el garantismo en la teoría constitucional; C) el garantismo penal; y D) el garantismo en el sistema penal acusatorio mexicano.

Para referencias futuras en este Capítulo y el presente trabajo en general, entenderemos "garantía" como "*cualquier técnica normativa de tutela de un derecho subjetivo*"[10] y "garantismo" como

---

8 Frase atribuida a John Emerich Edward Dalberg Acton (1834-1902), también conocido como "Lord Acton".

9 Roxin, Claus. **Derecho Procesal Penal.** Traducción de Gabriela E. Córdoba y Daniel R. Pastor, revisada por Julio B. J. Maier. Argentina, Editores del Puerto S.R.L., 2000, p. 1.

10 "Garantías". En: Ferrajoli, Luigi. **Sobre los derechos fundamentales y sus garantías.** Traducción de Carbonell, Miguel, de Cabo, Antonio y Pisarello, Gerardo, México, Comisión Nacional de Derechos Humanos, 2006, p 29.

el sistema de límites impuestos a todos los poderes mediante los que se tutelan los derechos fundamentales.[11]

A. ANTECEDENTES

En los inicios de la humanidad, no existía una noción clara de derechos humanos y las decisiones se imponían mediante sanciones físicas y morales.[12] Con la aparición de la escritura, empezaron a surgir documentos que denotaron la inquietud por la justicia y rectitud, como –entre otros– los Diez Mandamientos, el Código de Hammurabi y las Leyes de Solón.[13] Aunque algunos de estos conjuntos de normas hoy pueden parecer muy severas o crueles –inclusive, referidas como "leyes draconianas"–, en su momento representaron un avance significativo a la formalización de normas mediante la codificación de conductas consideradas aceptables e inaceptables en la sociedad.

Durante la Edad Media, la justicia penal se vio profundamente influenciada por la Iglesia y la Inquisición, que buscaban mantener los valores religiosos mediante procesos penales que hoy se consideran altamente pervertidos por malas prácticas. Por ejemplo, la tortura y la confesión forzada eran prácticas comunes. En la medida en que las ideas de los movimientos del Renacimiento y la Ilustración comenzaron a permear la cultura europea, dio inicio a la

---

11 Ídem., p 32.

12 Suprema Corte de Justicia de la Nación. **Las garantías individuales. Parte general.** Disponible en línea: **Centro de Consulta de Información Jurídica**. 2005, pp. 11-12 <https://sistemabibliotecario.scjn.gob.mx/sisbib/po_2010/55082/55082_1.pdf>. (Consulta: Marzo 21, 2024).

13 Loc. Cit.

secularización y racionalización de la procuración de justicia que se expandió por el mundo.

Bajo esta línea de pensamiento, fue posible transitar de la monarquía absoluta a la democracia constitucional. Primeramente, en los sistemas monárquicos, la justicia estaba al servicio del monarca, quien tenía un poder prácticamente ilimitado para castigar y crear leyes. Así, la Revolución francesa de 1789 y la posterior Declaración de los Derechos del Hombre y del Ciudadano cambiaron radicalmente este paradigma, estableciendo principios como la seguridad jurídica, la división de poderes y las garantías individuales. Estos principios se extendieron por el mundo y sentaron las bases para el desarrollo de democracias constitucionales que protegían los derechos sustantivos de las personas y que limitaban el poder del Estado.

Aunque este recorrido histórico no pretende ser exhaustivo, es crucial para entender –a grandes rasgos– el desarrollo del garantismo. Los antecedentes mencionados muestran la evolución desde sistemas primitivos y arbitrarios hacia la racionalización del ejercicio del poder del Estado. La lucha del garantismo es la lucha por la protección de derechos humanos y la limitación del poder del Estado. Así, el garantismo penal funge como el escudo protector de las libertades individuales frente al ejercicio del poder punitivo.

En resumen, la transición del primitivismo a la codificación, de la Inquisición a la secularización y de la monarquía a la democracia constitucional ha sido fundamental para proteger a las personas de los abusos del poder punitivo y para asegurar el respeto de los derechos humanos. Estos puntos específicos son relevantes para ilustrar el contexto de la evolución y la importancia del garantismo.

B. EL GARANTISMO EN LA TEORÍA CONSTITUCIONAL

Imaginemos que vivimos en una civilización donde no hay reglas de comportamiento ni jerarquías por la calidad que cada persona tiene. Nos encontramos en la máxima expresión de igualdad y no existe límite alguno a nuestra libertad. Por ende, nada está prohibido y todo está permitido. Un ejemplo "de libro" de anarquía. No existe gobierno y todas las personas pueden hacer lo que quieran. Llamémosle a esta situación como "estado de naturaleza".

Ahora, conforme transcurre el tiempo, nos damos cuenta de que en este estado de naturaleza –si bien noble– no hay orden y predomina el caos. Si alguien amenaza a nuestra persona o propiedades, tenemos derecho a matarlo y viceversa. En realidad esta "libertad natural" no permite que se garanticen efectivamente nuestros "derechos naturales" y parece que la constante es la guerra. Entonces, descubrimos que este estado de naturaleza, inevitablemente, es insostenible.

Ante esta situación, decidimos asociarnos y ceder nuestra libertad natural a una libertad política, en el que alguien o un grupo de personas, que llamaremos "autoridad" para que se encargue de garantizar nuestros derechos. Esta asociación podríamos decirle el "Contrato Social" en el que ya no estamos en un estado de naturaleza, sino en un estado civil, en el que el conjunto del poder político de la autoridad, las personas o "pueblo", el territorio y las reglas de convivencia que acordemos lo llamaremos "Estado".

Los modelos de organización político-jurídica de los Estados han variado de tiempo en tiempo y de comunidad en comunidad. Algunos conjuntos de personas han optado por probar el modelo de la monarquía y otros el de una democracia. En particular, se tomarán como referencia los principios de la democracia constitucional.

La democracia constitucional es un modelo de organización político-jurídica que nació en un momento histórico en el que la "lucha por la democracia" y la "lucha por el Estado constitucional" coincidieron temporalmente para combatir el absolutismo monárquico.[14] A pesar de que empezaron como movimientos independientes, no son paralelos; con el tiempo se entrelazaron y conjugaron, convirtiéndose en la forma de gobierno prevaleciente.[15]

Resulta relevante señalar que, así como Elías Díaz dijo que no todo Estado con Derecho es un Estado de Derecho,[16] la democracia como forma de gobierno no implica la existencia de un Estado constitucional, ni un Estado constitucional implica la existencia de un gobierno democrático.[17] En este sentido, es importante tener presente la dualidad de objetivos que, de manera simultánea, persigue la democracia constitucional: limitar el poder político y distribuirlo entre los ciudadanos.

Las piedras angulares de la democracia constitucional son tres principios esenciales: el principio democrático, el principio liberal y el principio de supremacía constitucional. El principio democrático encuentra sus fundamentos en el pensamiento de Rousseau, que propone la idea de que el poder soberano, perpetuo y absoluto, recae en el pueblo. Por su parte, el principio liberal se basa en el principio de legalidad y los pensamientos de Locke y Montesquieu, que proponen el reconocimiento de ciertos derechos fundamentales y la división del poder público, respectivamente. Finalmente, el principio

---

14 Córdova Vianello, Lorenzo. "La democracia constitucional y el control de las reformas constitucionales". Disponible en línea: **Biblioteca Jurídica Virtual del Instituto de Investigaciones Jurídicas de la UNAM**. No. 1, 2011, p. 211, <https://archivos.juridicas.unam.mx/www/bjv/libros/6/2955/20.pdf>. (Consulta: Marzo 21, 2024).

15 Loc. Cit.

16 Díaz, Elías. **Estado de Derecho y Democracia.** España, Universidad Autónoma de Madrid, p. 203.

17 Córdova Vianello, Lorenzo, Ob. Cit., p. 211.

de supremacía constitucional implica –entre otros aspectos– el control difuso de constitucionalidad y convencionalidad y que deben existir garantías jurisdiccionales de la constitución.

La corriente contractualista de Rousseau no propone limitar al poder sino distribuirlo entre todos por igual.[18] Esta distribución tiene como propósito "*encontrar una forma de asociación que defienda y proteja* [...] *la persona y los bienes de cada asociado, y por la cual cada uno* [...] *no obedezca más que a sí mismo y permanezca tan libre como antes*".[19] Por lo que, como el poder absoluto se encuentra en las manos de su legítimo titular –el pueblo–, entonces éste no puede abusar del mismo.[20] Bajo esta concepción, la idea de una constitución –a través de la cual se establezcan garantías– es inútil.[21]

Locke sostenía que desde antes de que nos asociáramos a través del pacto social, ya teníamos ciertos derechos –naturales– innatos e inalienables, siendo los principales la vida, la libertad y la propiedad.[22] No obstante lo anterior, el estado civil es necesario porque en el estado de naturaleza no existen garantías de estos derechos naturales.[23]

Para garantizar un gobierno moderado, no basta con confiar ciegamente en la prudencia de los poderes públicos; es crucial proporcionarles cierto grado de peso o contrapeso,

---

18 Salazar Ugarte, Pedro. **La democracia constitucional. Una radiografía teórica**. México, Instituto de Investigaciones Jurídicas-Universidad Nacional Autónoma de México y Fondo de Cultura Económica, 2006, p. 114.

19 Rousseau, Juan Jacobo. **El Contrato Social o Principios de Derecho Político.** 3a ed., México, Editorial Porrúa, 1974, p. 9.

20 Salazar Ugarte, Pedro, Ob. Cit., p. 116.

21 Salazar Ugarte, Pedro, Ob. Cit., p. 116.

22 *Véase* Locke, John. **Ensayo sobre el Gobierno Civil.** 2a ed., México, Editorial Porrúa, 1998, p. 49.

23 Salazar Ugarte, Pedro, Ob. Cit., p. 77.

de modo que puedan equilibrarse entre sí.[24] Este enfoque se opone al despotismo, que se caracteriza por ser un gobierno de las pasiones, donde el poder se ejerce de manera arbitraria y sin restricciones.[25] En un gobierno moderado, los diferentes poderes del Estado, como el legislativo, el ejecutivo y el judicial, deben estar sujetos a controles y contrapesos para evitar que alguno de ellos acumule un poder excesivo y se desvíe hacia el despotismo.

El sistema de pesos y contrapesos –o *checks and balances*– es esencial para evitar la concentración de poderes y garantizar la vigencia y eficacia de los derechos humanos.[26] Según el modelo tradicional de separación de poderes, el Estado cumple tres funciones: 1) legislativa; 2) jurisdiccional; y 3) ejecutiva. Hoy en día, es posible considerar que existe un cuarto poder, consistente en lo que en México conocemos como órganos constitucionalmente autónomos donde, idealmente, se encuentra la institución encargada de perseguir los delitos.

Efectivamente, en una democracia constitucional, la mera postulación de la finalidad de limitar el poder estatal para proteger los derechos humanos no resulta suficiente si no se establecen los mecanismos adecuados para exigir su cumplimiento. Por lo tanto, se enfatiza que un principio o elemento fundamental de toda democracia constitucional es la presencia de garantías efectivas. Estas garantías son necesarias para asegurar que los derechos consagrados en la constitución y en los tratados internacionales sean respetados y protegidos de manera real y tangible.

---

24 Montesquieu. **Del espíritu de las leyes.** Traducción de Mercedes Blázquez y Pedro de Vega. España, Ediciones Orbis, 1984, p. 77.

25 Salazar Ugarte, Pedro, Ob. Cit., p. 88.

26 Ídem., p. 89.

Sin un sistema robusto de garantías, los derechos humanos corren el riesgo de ser vulnerados o ignorados, lo que podría socavar los cimientos mismos de la democracia y el liberalismo. Por consiguiente, las garantías constituyen un componente esencial para el funcionamiento adecuado de una democracia constitucional, al garantizar que el poder estatal se ejerza de manera responsable y en línea con los principios democráticos y los derechos fundamentales de la ciudadanía.

En este sentido, la relación del garantismo con la democracia constitucional se sustenta en el principio de supremacía constitucional, el cual debe ser considerado como un principio de igual jerarquía junto con los principios democráticos y liberales. Este principio desempeña un papel crucial al establecer los mecanismos necesarios para hacer efectivos los límites al control del poder público. Esto, a su vez, garantiza que los derechos individuales y colectivos consagrados en una constitución sean protegidos y respetados, incluso cuando se ejerce el poder estatal.

En última instancia, la supremacía constitucional asegura que ningún poder del Estado, ya sea legislativo, ejecutivo o judicial, pueda actuar arbitrariamente o en contra de los principios fundamentales de la democracia y el Estado de derecho. Por lo tanto, el principio de supremacía constitucional juega un papel esencial en la garantía de la protección de los derechos y libertades en el marco de una democracia constitucional.

Así, bajo la premisa de que el Estado constitucional implica la combinación de diversas técnicas de control del poder destinadas a limitar los abusos en su ejercicio,[27] los derechos humanos, por su protección constitucional, pueden llegar a constituir lo que se ha denominado en la teoría constitucional

---

[27] Córdova Vianello, Lorenzo, Ob. Cit., p. 215.

como la "*esfera de lo no decidible*" o el "*coto vedado*".[28] Esto significa que los derechos humanos se establecen como un ámbito intocable e inalienable, fuera del alcance de las decisiones gubernamentales o de las mayorías legislativas.

C. EL GARANTISMO PENAL.

Cuando hablamos del *garantismo penal como una herramienta para prevenir una crisis sísmica,* no podemos ignorar que éste, como el Derecho penal *lato sensu,* abarca dos vertientes: una sustantiva y una adjetiva. En este orden de ideas, en este apartado se desarrolla el estudio de lo siguiente: 1) garantismo penal sustantivo; y 2) garantismo penal adjetivo.

1. Garantismo penal sustantivo

El garantismo penal se fundamenta en la premisa central de la teoría constitucional, que establece que el Derecho funciona como un sistema de garantías que limita el potencial abuso del poder estatal. Bajo esta perspectiva, si el poder punitivo del Estado es el que confiere las facultades más agresivas o coercitivas, entonces es imperativo establecer límites claros y específicos para su ejercicio. Esto implica que cualquier intervención del Estado en la esfera penal debe estar sujeta a un escrutinio riguroso y estar respaldada por normas que salvaguarden los derechos procesales de las partes.

En efecto, los planteamientos de Ferrajoli delinean los pilares fundamentales sobre los cuales se basa el garantismo penal, a través de diversos principios o mandatos de optimización. Estos principios han sido incorporados en ordenamientos tanto

---

[28] Ferrajoli, Luigi. "Democracia constitucional y derechos fundamentales. La rigidez de la constitución y sus garantías". 2008, p. 5.

sustantivos como adjetivos, así como en las constituciones –incluyendo la mexicana– y tratados internacionales en materia de derechos humanos. La **Tabla 1** servirá para ilustrar los supuestos y principios del garantismo penal desarrollados por Ferrajoli.

Tabla 1: Principios del garantismo penal.

SUPUESTO	PRINCIPIOS
Cuándo y cómo castigar[29]	• De retributividad –sucesividad de la pena respecto del delito– o *nulla poena sine crimine;* • De legalidad o *nullum crimen sine lege;* • De necesidad del Derecho penal o *nulla lex poenalis sine necessitate.*
Cuándo y cómo prohibir[30]	• De lesividad del acto o *nulla necessitas sine iniuria;* • De exterioridad de la acción o *nulla iniuria sine actione;* • De culpabilidad personal o *nulla actio sine culpa.*
Cuándo y cómo juzgar[31]	• De jurisdiccionalidad o *nulla culpa sine iudicio;* • De separación entre juez y acusación o *nullum iudicium sine accusatione;* • De carga de la prueba o *nulla accusatio sine probatione;* • De defensa y contradicción o *nulla probatio sine defensione.*

Fuente: Elaboración propia, con base en la obra "*Derecho y razón: Teoría del garantismo penal*", de Luigi Ferrajoli, pp. 353-623.

---

29 Ferrajoli, Luigi. **Derecho y razón: Teoría del garantismo pena**l. Editorial Trotta, pp. 353-420.

30 Ídem., pp. 459-509.

31 Ídem., pp. 537-623.

Como se puede observar de la tabla elaborada *supra*, estos principios se enuncian como condicionantes o requisitos *sine qua non*. Específicamente, por su gramática en latín se advierten fórmulas estilo "no hay 'x' sin 'y'", como que no hay pena sin ley, que no hay necesidad sin ofensa, o que no hay juicio sin acusación. En otras palabras, los principios del modelo garantista establecen límites generales al castigo, prohibición y enjuiciamiento de conductas delictivas.

De lo anterior, en sintonía con el principio de estricta aplicación de la ley penal, se puede desprender la doble garantía del Derecho penal sustantivo: 1) hacia la víctima, garantizando que las conductas tipificadas se perseguirán en caso de haberse desplegado en su perjuicio; y 2) hacia la persona imputada *lato sensu*, garantizando que sólo se podrá sancionar por el delito tipificado en su exacto letrado, con la pena exactamente contemplada en la misma legislación.

En este orden de ideas, el concepto de garantismo penal se corresponde con la noción de un *Derecho penal mínimo*. Esta idea se fundamenta en la premisa de que la aplicación de sanciones mediante el ejercicio del *ius puniendi* del Estado debe ser considerada como la excepción y reservarse únicamente para aquellos casos que lo ameriten de manera más apremiante; es decir, que el Derecho penal sea utilizado como la "última *ratio*". En particular, esto implica que todos aquellos actos que puedan ser reparados de alguna manera o que constituyan meras infracciones a las normas de organización de las entidades gubernamentales deben limitarse a ser sancionados a través de vías civiles o administrativas, según corresponda.[32]

---

32 Ferrajoli, Luigi. "Derecho penal mínimo y bienes jurídicos fundamentales". Traducción del Antillón, Walter, Revista de Ciencias Penales, Doctrina Extranjera. Disponible en línea: **Corte Interamericana de Derechos Humanos**, p. 8, <https://www.corteidh.or.cr/tablas/r16993.pdf>. (Consulta: Marzo 21, 2024).

Teniendo esto presente, es crucial también entender al Derecho penal mínimo como la "*ley del más débil*", en contraposición a la "*ley del más fuerte que estaría en vigor en su ausencia*".[33] Más específicamente, esta vulnerabilidad, o "debilidad", dentro del garantismo penal puede manifestarse de dos maneras: 1) como la persona que sufre el daño o es afectada por la conducta castigada, ya sea potencialmente o en la realidad; y 2) como la persona imputada *lato sensu*, enfrentando la posibilidad de sufrir abusos por parte de aquellos que ostentan el poder punitivo.[34]

Por consiguiente, resulta fundamental que la legislación penal sustantiva cumpla, como mínimo, con los siguientes tres principios: 1) el principio de taxatividad, que garantiza la aplicación precisa de la ley penal; 2) el principio de exterioridad de la acción, que implica que no se castiguen los pensamientos o palabras, sino únicamente las acciones concretas; y 3) el principio de necesidad del Derecho penal, que establece que no se debe criminalizar acciones que carezcan de relevancia jurídica.[35]

2. Garantismo penal adjetivo

Como se puede advertir de la sección de garantismo penal sustantivo, éste se encuentra ampliamente desarrollado por la literatura académica predominante. Por otro lado, si bien la noción del garantismo penal adjetivo es intuitiva, ésta no se encuentra igual de ampliamente desarrollada. De esta forma, para construir un concepto cuyos elementos permitan comprender el fenómeno que en este trabajo se busca radiografiar,

---

33 Ferrajoli, Luigi. **Garantismo penal**. México, Universidad Autónoma de México, Serie Estudios Jurídicos, No. 34, 2006, p. 56.

34 Loc. Cit.

35 Ippolito, Darío, Ob. Cit., p. 29.

a continuación se desarrolla: a) el debido proceso como principio; b) estándares internacionales del debido proceso; y c) el debido proceso penal como garantismo penal adjetivo.

a. El debido proceso como principio

El debido proceso es una institución jurídica compleja con gran trascendencia por instituir un proceso con todas las garantías necesarias para que prevalezca la justicia. No es un concepto exclusivo del Derecho procesal penal, sino que también se manifiesta en otras ramas del Derecho, como la laboral, civil, mercantil, administrativa o tributario. Desde un punto de vista formal, en contraposición al de fondo, el debido proceso es un requisito *sine qua non* para el acceso a la justicia.

Descomponiendo el binomio de "debido proceso", tenemos, por un lado, que "debido" se refiere a lo que *debe ser*, mientras que, por el otro, que "proceso" significa una *secuencia o cúmulo de actos*. De manera conjunta, mediante la idónea aplicación de lo que deben ser esta serie de pasos se puede cumplir el propósito de la jurisdicción. En este sentido, los alcances del debido proceso están determinados en virtud de los derechos, intereses y valores que se buscan tutelar en el procedimiento, con base en criterios de razonabilidad y proporcionalidad, para poder afectar la esfera jurídica de las y los gobernados.[36]

Bajo este entendido, el debido proceso se encuentra consagrado en los textos constitucionales e instrumentos internacionales con el carácter de derecho humano. Su estructura

---

36 Ferrajoli, Luigi. **Derecho y razón: Teoría del garantismo penal**. Editorial Trotta, 1997, p. 34. Citado por: Anaya Ríos, Miguel Ángel y de la Rosa Rodríguez, Paola Iliana. **La prueba ilícita, sus premisas, regulación y excepciones en el sistema penal acusatorio. Un panorama doctrinario, normativo, jurisprudencial y casos relevantes.** México, Flores Editor y Distribuidor, 2017, p. 13.

normativa, teleológica, funciones y alcances corresponden a un derecho subjetivo público de carácter fundamental.[37] Rawls sostiene que es una garantía fundamental de doble aspecto, como un derecho de acceso a la justicia y como garantía de salvaguarda de otros derechos.[38]

Ahora bien, es importante hacer la distinción entre reglas y principios.[39] Mientras que los principios son normas que exigen que algo sea ejecutado en la mayor medida, mejor conocido como mandatos de optimización, las reglas son normas que exigen algo para que se cumplimente en determinadas condiciones, llevado a cabo de manera categórica, mejor conocidas como mandatos definitivos.[40]

En este contexto, debido a la amplitud inherente de los principios, es natural que tiendan a entrar en conflicto entre

---

37 Alexy, Robert. **Teoría de los Derechos Fundamentales**. Traducción de Ernesto Garzón Valdés, Madrid, Centro de estudios políticos y constitucionales, 2001. Citado por: Anaya Ríos, Miguel Ángel y de la Rosa Rodríguez, Paola Iliana. **La prueba ilícita, sus premisas, regulación y excepciones en el sistema penal acusatorio. Un panorama doctrinario, normativo, jurisprudencial y casos relevantes.** México, Flores Editor y Distribuidor, 2017, p. 19.

38 Rawls, John. **Teoría de la Justicia.** México, Fondo de Cultura Económica, 2004, p. 225. Citado por: Anaya Ríos, Miguel Ángel y de la Rosa Rodríguez, Paola Iliana. **La prueba ilícita, sus premisas, regulación y excepciones en el sistema penal acusatorio. Un panorama doctrinario, normativo, jurisprudencial y casos relevantes.** México, Flores Editor y Distribuidor, 2017, p. 20.

39 Dworkin, Ronald. ***Taking Rights Seriously.*** London, Harvard University Press, 1978. Citado por: Anaya Ríos, Miguel Ángel y de la Rosa Rodríguez, Paola Iliana. **La prueba ilícita, sus premisas, regulación y excepciones en el sistema penal acusatorio. Un panorama doctrinario, normativo, jurisprudencial y casos relevantes.** México, Flores Editor y Distribuidor, 2017, p. 20.

40 Anaya Ríos, Miguel Ángel y de la Rosa Rodríguez, Paola Iliana, Ob. Cit., p. 20.

sí. Cuando esto sucede, se requiere llevar a cabo un ejercicio de ponderación para determinar qué principio tiene mayor peso y cómo debe aplicarse en la situación específica. Por otro lado, los conflictos entre reglas tienen una dimensión de validez diferente, determinada por las reglas de procedencia o excepción.

Es crucial tener en cuenta que los derechos humanos funcionan, o deberían funcionar, como principios y no pueden ser delimitados de la misma manera que las reglas. En el caso del debido proceso, reconocido como un derecho humano a nivel internacional, opera como un principio que guía el desarrollo de diversos procesos jurisdiccionales. No se trata simplemente de seguir una norma, sino que implica un sistema de instrumentos procesales que abarca desde el inicio hasta el final del proceso.

b. Estándares internacionales del debido proceso

Para las consideraciones de este capítulo, se tomarán como referencia los estándares interamericanos del debido proceso, específicamente establecidos en la Convención Americana sobre Derechos Humanos, y el Pacto Internacional de Derechos Civiles y Políticos. Estos instrumentos son de los más importantes a nivel internacional en materia de derechos humanos y serán utilizados porque la precisión de su contenido ayuda a ilustrar las reglas y principios bajo los cuales debe regirse un verdadero debido proceso. La **Tabla 2** servirá para desglosar dichos estándares.

Tabla 2: Estándares internacionales del debido proceso.

REGLA O PRINCIPIO	CADH	PIDCP
Nadie puede ser condenado por acciones u omisiones que en el momento de cometerse no fueran delictivas según el derecho aplicable.	9	15.1
Toda persona tiene derecho a ser oída, con las debidas garantías por un juez o tribunal competente, independiente e imparcial.	8.1	14.1
Nadie podrá ser sometido a detención o prisión arbitrarias.	7.3	9.1
Toda persona detenida o presa debe ser llevada, sin demora, ante un juez u otro funcionario autorizado por la ley para ejercer funciones judiciales y tendrá derecho a ser juzgada dentro de un plazo razonable o ser puesta en libertad.	7.5	9.3
Los procesados deben estar separados de los condenados, salvo en circunstancias excepcionales, y serán sometidos a un tratamiento adecuado a su condición de personas no condenadas.	5.4	10.2.a
Toda persona privada de la libertad será tratada humanamente con el respeto debido a la dignidad inherente al ser humano.	5.2	10.1
Toda persona acusada de un delito tendrá derecho a no ser obligada a declarar contra sí misma ni a confesarse culpable.	8.2.g	14.3.g
Toda persona detenida será informada de las razones de su detención y notificada, sin demora, del cargo o cargos formulados contra ella.	7.4, 8.2.b	9.2, 14.3.a
Toda persona acusada de delito tiene el derecho a tener el tiempo y los medios adecuados para la preparación de su debida defensa.	8.2.c, 8.2.f	14.3.b, 14.3.e
El proceso penal será público, salvo que por circunstancias especiales del asunto la publicidad pueda perjudicar a los intereses de la justicia.	8.5	14.1

Toda persona acusada de delito tiene derecho a ser juzgada dentro de un plazo razonable y sin dilaciones indebidas.	7.5	9.3, 14.3.c
Toda persona acusada de delito tiene derecho a ser asistida por un defensor de su elección o de oficio, gratuitamente, si careciere de medios suficientes para pagarlo.	8.2.d, 8.2.e	14.3.d
Nadie puede ser juzgado ni sancionado por un delito por el cual ya haya sido condenado o absuelto por una sentencia firme.	8.4	14.7
Toda persona acusada de delito tiene derecho a que se presuma su inocencia mientras no se pruebe su culpabilidad.	8.2	14.2
Toda persona acusada tiene derecho a ser asistido gratuitamente por un traductor o intérprete, si no comprende o no habla el idioma del juzgado o tribunal.	8.2.a	14.3.f
Toda persona acusada de delito tiene derecho a ser indemnizada conforme a la ley en caso de haber sido condenada en sentencia firme por error judicial.	10	9.5, 14.6

Fuente: Elaboración propia, con base en la Convención Americana sobre Derechos Humanos ("CADH") y el Pacto Internacional de Derechos Civiles y Políticos ("PIDCP").

De una interpretación armónica de los principios señalados anteriormente, se puede apreciar el esfuerzo conjunto de la comunidad internacional por establecer un piso mínimo amplio que garantice que todo proceso penal se desarrolle sin vulnerar los derechos humanos, con especial atención en los derechos de las personas imputadas. La expectativa es que los Estados que se obligan conforme estos instrumentos internacionales expandan y fortalezcan estos principios en sus respectivas legislaciones nacionales.

c. El debido proceso penal como garantismo penal adjetivo

Es importante aclarar que, históricamente, el estudio del garantismo penal se ha inclinado predominantemente a enfocarse en el Derecho penal sustantivo. Específicamente, y como se observó en la **Tabla 1**, el enfoque de esta corriente de pensamiento ha sido en establecer principios sobre cuándo y cómo prohibir, sancionar y juzgar; pero no en las *reglas del juego* penal.

De acuerdo con las consideraciones expuestas en este capítulo, resulta casi inevitable afirmar que el proceso penal debe ser, por naturaleza, el más reglado. Esta afirmación no es fortuita, sino más bien todo lo contrario; esta intervención del Estado representa la forma más extrema de coerción que puede ejercer legítimamente. A diferencia de otros tipos de procedimientos legales, en el ámbito penal se encuentran en juego derechos fundamentales como la libertad personal, la seguridad jurídica, la eficacia del sistema de justicia y el orden público.[41] Así, el Derecho penal se erige como un barómetro que mide con precisión la presencia y la magnitud de los rasgos autoritarios que subsisten en una comunidad.[42]

---

41 Cuéllar, Jaime Bernal y Montealegre Lynett. **El proceso penal. Fundamentos Constitucionales del sistema acusatorio.** 5ª ed., Colombia, Universidad Externado de Colombia, 2004, p. 357. Citado por: Anaya Ríos, Miguel Ángel y de la Rosa Rodríguez, Paola Iliana. **La prueba ilícita, sus premisas, regulación y excepciones en el sistema penal acusatorio. Un panorama doctrinario, normativo, jurisprudencial y casos relevantes.** México, Flores Editor y Distribuidor, 2017, p. 14.

42 Goldschmidt, James Paul. **Problemas jurídicos y políticos del proceso penal.** Barcelona, Bosch, 2000, p. 193. Citado por: Anaya Ríos, Miguel Ángel y de la Rosa Rodríguez, Paola Iliana. **La prueba ilícita, sus premisas, regulación y excepciones en el sistema penal acusatorio. Un panorama doctrinario, normativo, jurisprudencial y casos relevantes.** México, Flores Editor y Distribuidor, 2017, p. 1.

Es en este contexto donde el acceso a la justicia adquiere su pleno significado, manifestándose de manera tangible cuando los procedimientos jurisdiccionales se conducen con estricto apego a las normas y garantías establecidas en el debido proceso. Así, el Derecho penal no solo refleja la calidad democrática de una sociedad, sino que también es un instrumento esencial para su protección y consolidación.

En una democracia constitucional es de suma importancia que el sistema jurídico-penal se base en principios fundamentales que aseguren la salvaguarda de los derechos del individuo frente al ejercicio del *ius puniendi* por parte del Estado.[43] Los derechos humanos deben ser como una "frontera infranqueable" para las autoridades y los gobernantes, delineando los límites de su acción. Por ende, la finalidad de un enfoque garantista en el Derecho penal debe ser la protección tanto de los inocentes como de los culpables, evitando así los posibles abusos, excesos y errores que el Estado pueda cometer en el ejercicio de su poder punitivo.[44]

Una característica esencial de los sistemas penales inquisitivos es que consideran a la persona imputada *lato sensu* como un objeto del proceso, más que como un sujeto del mismo, lo que

---

43 Pietro Sanchis, Luis. **Justicia Constitucional y Derechos Fundamentales.** Madrid, Editorial Trotta, 2003, p. 13. Citado por: Anaya Ríos, Miguel Ángel y de la Rosa Rodríguez, Paola Iliana. **La prueba ilícita, sus premisas, regulación y excepciones en el sistema penal acusatorio. Un panorama doctrinario, normativo, jurisprudencial y casos relevantes.** México, Flores Editor y Distribuidor, 2017, p. 28.

44 "*La metafísica del derecho penal propiamente dicho está destinada a proteger a los culpables contra los excesos de la autoridad pública; la metafísica del derecho procesal tiene por misión proteger a todos los ciudadanos inocentes u honrados contra los abusos y los errores de la autoridad.*" De: Carrara, Francesco. **Derecho penal y procedimiento penal**. Opúsculos, 1873, pp. 14-15. Citado por: Ferrajoli, Luigi. **Derecho y razón: Teoría del garantismo penal**. Editorial Trotta, p. 626.

conlleva a menudo a una falta de reconocimiento y protección de sus derechos. La oposición a estos sistemas, por excelencia, son los sistemas penales acusatorios.

En los sistemas penales acusatorios, garantes del debido proceso penal, se busca la protección de los derechos fundamentales tanto de las víctimas u ofendidos como de las personas imputadas *lato sensu.* Estos sistemas se caracterizan por la oralidad y publicidad de las audiencias, la separación entre el ente acusador y el que juzga, así como la búsqueda de la verdad a través del método de la dialéctica o el principio de contradicción. En ese sentido, se establece un equilibrio que promueve la equidad y la justicia en el proceso penal, reconociendo a todas las partes involucradas como sujetos de derechos y no meros objetos del sistema.

D. EL GARANTISMO EN EL SISTEMA PENAL ACUSATORIO MEXICANO

El sistema penal mexicano, tras la reforma constitucional del 2008 en materia de seguridad pública y justicia penal, se transformó de un sistema tradicional o mixto a un sistema acusatorio y adversarial, adoptando diversos principios del garantismo penal adjetivo en la Constitución Política de los Estados Unidos Mexicanos. Para entender esta transformación del diseño constitucional del sistema penal acusatorio mexicano, a continuación se describe lo siguiente: 1) antecedentes del sistema penal acusatorio mexicano; 2) pilares del garantismo constitucional mexicano; y 3) arquitectura del garantismo penal mexicano.

1. Antecedentes del sistema penal acusatorio mexicano

La vigencia del sistema penal inquisitivo en México empezó desde la conquista de la Corona Española de México, al adoptar las leyes de la península. No fue hasta el 5 de febrero de

1917 que el sistema de justicia penal mexicano transitó a uno que se denominó como tradicional o mixto.

Para este cambio, se implementaron tres medidas clave: 1) la separación del órgano que investiga y acusa del que juzga; 2) la posibilidad de ser juzgado por un jurado popular; y 3) la ampliación de las garantías del indiciado sujeto a investigación criminal. A pesar del avance jurídico que representaron estas figuras, es importante recordar que al Ministerio Público se le otorgaba fe pública a las investigaciones que realizaba, lo que convertía al principio de presunción de inocencia en poco más que una ficción.

Contrario a la situación actual, en el sistema penal tradicional mexicano, los principios fundamentales de un debido proceso como la inmediación, continuidad, publicidad, contradicción y concentración no convergían en un mismo momento procesal. Por lo tanto, es lógico denominar a este sistema como mixto, ya que combinaba características del inquisitivo y del acusatorio. Aunque el Estado mantenía la obligación de buscar la verdad histórica de un posible delito, también se reconocía la obligación de brindar oportunidades de defensa a la persona imputada *lato sensu.*

2. Pilares del garantismo constitucional mexicano

Los pilares del debido proceso –para cualquier materia– en México los podemos encontrar en la Constitución Política de los Estados Unidos Mexicanos. Esencialmente, los artículos 14, 16 y 17 de la Constitución mexicana sientan las bases generales de los derechos, intereses y valores que se deben tutelar en todo procedimiento para estar en condiciones de afectar la esfera jurídica de las y los gobernados.

Con base en la interpretación sistemática de estos artículos, en concordancia con las reglas y principios ilustrados en la **Tabla 2**, la Suprema Corte de Justicia de la Nación mexicana ha ampliado el *coto vedado* del debido proceso.

En términos generales, el párrafo segundo del artículo 14 constitucional exige que todo acto privativo debe ser dictado por tribunales previamente establecidos, en un procedimiento seguido en forma de juicio en el que se observen las formalidades esenciales del procedimiento. Por su parte, el primer párrafo del artículo 16 constitucional mandata que todo acto de molestia –y, por mayoría de razón, todo acto privativo–, debe ser precedido por mandamiento escrito de la autoridad competente, que funde y motive la causa legal del procedimiento.

Además, el segundo y tercer párrafo del artículo 17 constitucional establecen el derecho de acceso a la justicia pronta, completa, imparcial y gratuita, en el cual se privilegia el fondo sobre la forma, siempre y cuando no se vea afectada la igualdad entre las partes, el debido proceso u otros derechos en los procedimientos llevados a cabo en forma de juicio.

Como requisitos genéricos para que se cumplan las formalidades esenciales del procedimiento –o debido proceso–, el Alto Tribunal mexicano estableció los siguientes: "*(i) la notificación del inicio del procedimiento; (ii) la oportunidad de ofrecer y desahogar las pruebas en que se finque la defensa; (iii) la oportunidad de alegar; y, (iv) una resolución que dirima las cuestiones debatidas y cuya impugnación ha sido considerada por esta Primera Sala como parte de esta formalidad.*"[45] De no presentarse alguno de estos requisitos mínimos, se vulneraría el debido proceso y, por ende, se dejaría en estado de indefensión a la persona afectada.[46]

---

45 **Derecho al debido proceso. Su contenido.** Jurisprudencia. Reiteración de criterios. Primera Sala de la Suprema Corte de Justicia de la Nación. Clave 1a./J. 11/2014 (10a.) (*SJF: 10ª época, T I, Febrero, 2014, p. 396*). Disponible en línea: Semanario Judicial de la Federación <https://sjf2.scjn.gob.mx/detalle/tesis/2005716>. Registro 2005716. (Consulta: Marzo 21, 2024).

46 **Formalidades esenciales del procedimiento. Son las que garantizan una adecuada y oportuna defensa previa al acto privativo.** Jurispru-

Además, desde la perspectiva de quien busca la intervención jurisdiccional, ya sea en un sentido formal o material, este derecho ha sido interpretado de manera que exige la protección de las partes, garantizando así una "*posibilidad efectiva e igual de defender sus puntos de vista y ofrecer pruebas en apoyo de sus pretensiones, dimensión ligada estrechamente con el derecho de acceso a la justicia*"[47]. De esta manera, queda claro que la igualdad procesal es un componente indispensable para garantizar un verdadero debido proceso.

3. Arquitectura del garantismo penal mexicano

Habiendo delineado el género próximo, que es el debido proceso, es oportuno ahora enfocarnos en el debido proceso penal. Como se ha señalado anteriormente, los principios que rigen el debido proceso penal deben impregnar el sistema penal en cuestión para que pueda considerarse verdaderamente garantista. En el caso de México, estos mandatos de optimización se encuentran principalmente en el artículo 20 de la Constitución. De hecho, se podría afirmar que este artículo constituye la piedra angular del sistema penal acusatorio mexicano, estableciendo las bases sobre las cuales se debe desarrollar el proceso penal con respeto a los derechos humanos.

---

dencia. Reiteración de criterios. Pleno de la Suprema Corte de Justicia de la Nación. Clave P.J. 47/95 (*SJF: 9ª época, T II, Diciembre, 1995, p. 133*). Disponible en línea: Semanario Judicial de la Federación <https://sjf2.scjn.gob.mx/detalle/tesis/200234>. Registro 200234. (Consulta: Marzo 21, 2024).

47 **Derecho humano al debido proceso. Elementos que lo integran.** Tesis aislada. Amparo en revisión 42/2013. Primera Sala de la Suprema Corte de Justicia de la Nación. Clave 1a. IV/2014 (10a) (*SJF: 10ª época, T II, Enero, 2014, p. 1112*). Disponible en línea: Semanario Judicial de la Federación <https://sjf2.scjn.gob.mx/detalle/tesis/2005401>. Registro 2005401. (Consulta: Marzo 21, 2024).

Del contenido del artículo en cuestión se puede observar, desde su primer párrafo, que se establecen claramente los principios del proceso penal mexicano: publicidad, contradicción, concentración, continuidad e inmediación. De la lectura de las fracciones de sus tres incisos "*de los principios generales*", "*de los derechos de toda persona imputada*" y "*de los derechos de la víctima o del ofendido*" se puede observar que no sólo fortalecen estos principios a través de reglas específicas, sino que también hacen alusión a otros principios, como lo son: igualdad procesal (20.A.V), *in dubio pro reo* (20.A.VIII), presunción de inocencia (20.A.VIII y 20.B.I), y defensa adecuada (20.B.VIII), entre otros.

Además, el propio artículo establece que el proceso penal tendrá por objeto: 1) el esclarecimiento de los hechos; 2) proteger al inocente; 3) que el culpable no quede impune; y 4) que se reparen los daños causados por el delito (20.A.I). Todo esto, aunado con las demás reglas y principios que detalla este dispositivo constitucional, se vio reflejado –principalmente– de manera expansiva en el Código Nacional de Procedimientos Penales.

Entonces, es evidente que tras la reforma constitucional del 2008 se buscó establecer un sistema penal acusatorio que cumpliera con los estándares internacionales del debido proceso, con el objetivo de consolidar a México como una democracia constitucional. La novedad de este "nuevo" sistema de justicia penal radica en la protección de los derechos fundamentales de todas las personas involucradas, ya sea como parte acusada o como víctima del delito, bajo los principios de oralidad, publicidad, contradicción, concentración, continuidad y presunción de inocencia.

Aunque a primera vista estos derechos puedan parecer conflictivos entre sí, el Código Nacional de Procedimientos Penales asigna roles claramente definidos y separados a las partes involucradas, lo que permite un equilibrio adecuado entre ellos y garantiza un proceso justo para todas las partes.

La trascendencia de esta reforma, se manifiesta en cinco aspectos fundamentales:

1. Protección a derechos fundamentales: Se enfatiza la presunción de inocencia, el derecho a la defensa y a la asesoría jurídica, así como la importancia de la reparación integral del daño, lo que fortalece la salvaguarda de los derechos fundamentales.
2. Transparencia: Se promueve la oralidad y la publicidad de las audiencias, lo que garantiza un proceso más transparente y accesible para todas las partes involucradas.
3. Prevención del abuso de poder: Se consolida la separación de las funciones de acusación y juicio, lo que contribuye a evitar posibles abusos y garantiza un proceso imparcial y equitativo.
4. Controversia: Se fomenta la contradicción en los argumentos y pruebas de las partes, lo que garantiza el derecho a la verdad, puesto que –bajo una lógica dialéctica– se escuchan las teorías del caso de quien acusa –tesis– así como a quien se define –antítesis– para llegar a una conclusión razonada –síntesis–.
5. Responsabilidad de la acusación: Se establece que el Estado tiene la carga de probar la culpabilidad más allá de toda duda razonable, lo que refuerza la responsabilidad de la acusación.

Por consiguiente, a primera vista, podría parecer apropiado afirmar que en México se sigue un auténtico espíritu de garantismo penal adjetivo. Sin embargo, al tener esto en consideración, resulta sorprendente examinar minuciosamente algunos preceptos de los artículos 16, 18, 19, 20 y 22 de la Constitución Política de los Estados Unidos Mexicanos a la luz de la doctrina del Derecho penal del enemigo.

CONCLUSIONES DEL CAPÍTULO I.
• El garantismo ha sido el pilar para frenar los impulsos del primitivismo, la Inquisición y la monarquía para transitar hacia sistemas codificados, secularizados y democrático-constitucionales que limiten el ejercicio del poder punitivo y garanticen el respeto de los derechos humanos. • En la teoría constitucional, el garantismo se refleja a través del principio de supremacía constitucional de la democracia constitucional, que provee una *esfera de lo no decidible* o *coto vedado* a los derechos humanos frente al ejercicio de las funciones del Estado. • El garantismo penal, en sus vertientes sustantivo y adjetivo, establece la serie de principios que deben regir el diseño y actuar del Estado en ejercicio de su *ius puniendi*. Esto es, establece los límites del actuar del Estado en su faceta de verdugo. • La piedra angular del sistema penal acusatorio mexicano es el artículo 20 constitucional, que establece las normas generales y principios que deben regir dicho sistema, como lo son los principios de oralidad, publicidad, contradicción, concentración, continuidad y presunción de inocencia. Por ello, el sistema penal acusatorio mexicano *parece* ser regido por el *garantismo penal*.

Capítulo II.

Enemigo penal

"*El poder punitivo siempre discriminó a seres humanos y les deparó un trato punitivo que no correspondía a la condición de* personas, *dado que sólo los consideraba como* entes peligrosos o dañinos."[48] El enemigo penal es un fenómeno legislativo –e inherentemente político– de combate agresivo –e ineficiente– a ciertas conductas delictivas consideradas de mayor impacto para la sociedad. El Estado, escudado con el discurso de que el tratamiento es justificado por la peligrosidad de quienes cometen estos delitos, realizan excepciones a los pisos mínimos establecidos por el garantismo penal adjetivo.

La noción de enemigo, entendido desde su etimología, proviene del latín *inimicus*, que significa "no amigo". Si bien es una primera aproximación al concepto, no es suficiente para entender lo que implica el enemigo penal. Por lo tanto, resulta necesario estudiar sus fundamentos en distintos niveles, como lo son: A) antecedentes; B) el enemigo en la teoría política; C) el enemigo penal; D) el enemigo en el Derecho comparado; y E) el enemigo en el sistema penal acusatorio mexicano.

A. EL ENEMIGO EN LA TEORÍA POLÍTICA

Recordando al contractualismo de Rousseau, éste fundamenta su teoría del Estado como el resultado de un acuerdo –el Contrato Social– en el que cedemos nuestra libertad natural a cambio de una libertad política para asegurar la protección

---

48 Zaffaroni, Eugenio R. **El enemigo en el derecho penal.** México, Ediciones Coyoacán, 2016, p. 11.

de los derechos de cada persona. Así, quien delinque infringe el pacto y deja de ser miembro de éste. Bajo esta concepción rousseauniana, se deja de ver a estas personas como ciudadanos, para declararles la guerra y considerarlas como el "enemigo", por lo que serán tratadas con mayor rigor.[49]

Para Schmitt, el enemigo político "[e]*s simplemente el otro, el extraño, y le basta a su esencia el constituir algo distinto y diferente en un sentido existencial especialmente intenso*";[50] o bien, el "*adversario*".[51] Si bien señala que diferenciar entre amigos y enemigos sólo hace sentido en tiempos de guerra, en estos casos sugiere un tratamiento agresivo: rebajar su calidad al de un "*monstruo inhumano*" que no basta con repeler, sino que se debe exterminar.[52] En este sentido, si decidimos entender al enemigo bajo la concepción de Schmitt, habrá que tener cuidado porque es consistente con ideologías totalitaristas. Esto va de la mano con la tesis de Zaffaroni de que el concepto del enemigo –o el ser humano considerado como un ente peligroso o dañino– sólo es compatible con un modelo de estado absoluto total.[53]

Con relación al estado de guerra, Locke sostiene que éste es un estado de enemistad y destrucción constante del estado naturaleza, en el que "*es razonable y justo que yo tenga el derecho de destruir a quien amenaza con destruirme a mí.*"[54] Aquí se puede encontrar un discurso en el que se justifique erradicar a toda amenaza a quien se ostente como enemigo del Estado.

---

49 Rousseau, Jean-Jacques, Ob. Cit., p. 27.

50 Schmitt, Carl. "El Concepto de lo Político". Traducido de la ed. de 1963, p. 16. Disponible en línea: <https://revistanotaalpie.files.wordpress.com/2014/05/86263651-carl-schmitt-el-concepto-de-lo-politico.pdf>. (Consulta: Marzo 21, 2024).

51 Ídem., p. 18.

52 Ídem., p. 22.

53 Zaffaroni, Eugenio R., Ob. Cit., p. 13.

54 Locke, John, Ob. Cit., p. 7.

Inclusive, se podría afirmar, que es hasta noble o que cuenta con autoridad moral, porque "*si todos no pueden ser preservados, la salvación del inocente ha de tener preferencia.*"[55] Justificando, por ende, que "*un hombre puede destruir al otro que le hace la guerra, o a aquél en que ha descubierto una enemistad contra él, por las mismas razones que puede matar a un lobo o a un león* [...] *como si fuesen bestias de presa*".[56]

Por su parte, para Hobbes existe una clara distinción de los castigos que merece la ciudadanía –o "súbditos", como así la refiere– por cometer delitos y los que merecen los enemigos, quienes son la contraparte en un estado de guerra.[57] No obstante, admite que si una persona de cualquier forma comete alta traición, como la desobediencia a la autoridad del representante del Estado o rompe el pacto social, "*puede legalmente hacérsele sufrir cualquier daño que el representante quiera*".[58] Esto es, se le castiga más como enemigo que como ciudadano, por haberse rebelado contra quienes ostentan el "*poder soberano*".[59]

En síntesis, tenemos que en la teoría política el enemigo es, por regla general, únicamente considerado como tal cuando se está en un estado de guerra, salvo excepciones. De esta forma, se delimita el uso agresivo de la autoridad del Estado para sancionar e, inclusive, erradicar a quien considera enemigo cuando se amenaza la autonomía o soberanía del pueblo. El problema es cuando se amplía esta concepción para aplicarla en contra de aquellas personas dentro de la ciudadanía que representan un grave peligro para el Estado. Esto deja la puerta

---

55 Loc. Cit.

56 Ídem., p. 60.

57 *Véase* Hobbes, Thomas. **Leviatán.** Disponible en línea: <http://bibliotecadigital.tamaulipas.gob.mx/archivos/descargas/31000000555.PDF>. (Consulta: Marzo 21, 2024).

58 Ídem., p. 133.

59 Loc. Cit.

abierta a su determinación por quienes sean considerados un grave peligro de quienes determinan y legislan la política criminal. En otras palabras, nos deja en un estado de "*guerra sin enemigo fijo*"[60].

B. EL ENEMIGO PENAL

La alucinación de una guerra siempre ha sido el recurso que se ha utilizado para legitimar el ejercicio abusivo del poder punitivo.[61] Este concepto se entrelaza con la forma en que se entiende el delito en el sistema legal, donde el Derecho penal puede bifurcarse en dos enfoques distintos: el Derecho penal del acto y el Derecho penal del autor.[62] En conjunto, estas perspectivas influyen en la manera en que se aplica la ley y se ejerce el poder punitivo.

El Derecho penal del acto tiene a la lesión del orden jurídico como principal enfoque de estudio, mientras que las características personales sólo se toman en cuenta, de forma secundaria, para individualizar la pena aplicable a la conducta desplegada.[63] Esta vertiente del Derecho penal va conforme a la noción de Derecho penal mínimo consistente en que éste sea la última *ratio*, puesto que sólo se buscan sancionar aquellas conductas que lesionen gravemente los valores más preciados de la sociedad.

---

60 Zaffaroni, Eugenio R., Ob. Cit., 81.

61 Ídem., p. 61.

62 Zaffaroni, Eugenio Raúl, Alagia, Alejandro y Slokar, Alejandro. **Manual de Derecho penal. Parte general.** 2ª ed., Argentina, Ediar Editora, 2007, p. 40.

63 Zaffaroni, Eugenio Raúl, Alagia, Alejandro y Slokar, Alejandro, Ob. Cit., p. 50.

Con relación a la **Tabla 1**, el Derecho penal del acto se encuentra íntimamente ligado con el garantismo penal sustantivo, en tanto se ajusta a los principios para el supuesto de cómo y cuándo castigar, consistentes en *nulla poena sine crimine, nullum crimen sine lege, nulla lex poenalis sine necessitate* y, aunque no contemplado por Ferrajoli pero sí inherentes a estos principios, el de *nullum crimen sine conducta* y *nullum crimen sine culpa.*[64]

El Derecho penal del autor entiende al delito como un síntoma del estado del autor y, por tanto, no castiga el acto, sino la existencia en sí misma de la persona.[65] El rol del Estado, bajo esta concepción, consiste en corregir o neutralizar "*las piezas falladas*".[66] Así, esta forma de entender al delito hace particular referencia, en cuanto al objeto y gravedad de la pena, a la peligrosidad del sujeto activo y su necesidad de neutralizarlo. En este orden de ideas, el Derecho penal del enemigo está vinculado con el Derecho penal del autor, en oposición con el Derecho penal del acto.

De acuerdo a Günther Jakobs, el Derecho penal del enemigo es un ordenamiento de combate excepcional, en el que se privilegia el derecho a la seguridad de las demás personas que, con el objetivo de prevenir futuros actos delictivos, implica la disminución de derechos humanos.[67] En otros términos, es la respuesta del Estado para controlar el crimen con el uso de medidas restrictivas.

Conforme a la noción planteada por Jakobs, el Derecho penal del enemigo se caracteriza por manifestarse de las siguientes tres formas: 1) anticipación de la tutela penal; 2) alta

---

64 Ídem., p. 51.

65 Ídem., p. 49.

66 Loc. Cit.

67 Jakobs, G. y Cancio Meliá, M. **Derecho penal del enemigo.** Argentina, Editorial Hammurabi, 2007.

desproporcionalidad de la pena; y 3) supresión de ciertas garantías procesales.[68] Las primeras dos corresponden a un Derecho penal *sustantivo* del enemigo, por abordar cuestiones a la configuración del tipo delictivo y su sanción, mientras que la tercera a un Derecho penal *adjetivo* del enemigo, al tener relación con derechos de naturaleza procesal.

El primer elemento característico, la anticipación de la tutela penal, se puede manifestar de dos formas: 1) sancionando los actos preparatorios o dentro del *iter criminis*; o 2) sancionando con base en un juicio de peligro abstracto.[69] Ambos encuentran similitud en que encuentran su fundamento en que dichos actos revelan intención delictuosa o temibilidad del agente activo y tienen como propósito el impedir la realización del hecho futuro y, de esta forma, proteger o evitar la lesión, del bien jurídico tutelado.[70]

Con respecto al segundo elemento característico, es necesario recordar que el principio de proporcionalidad de la pena implica una relación de correspondencia entre la gravedad del delito que se ha cometido y la sanción que se impone. La desproporción de la penalidad y la anticipación de la tutela penal son dos caras de una moneda en el Derecho penal del enemigo, toda vez que dicha desproporcionalidad se manifiesta en que se sanciona la conducta como consumada, atendiendo a la peligrosidad –en sí misma– de la persona. En otras palabras, no se impone la pena por el hecho que se ha cometido, sino para prevenir el hecho que pudiera come-

---

68 Ídem., pp. 90-91.

69 *Véase* Fuentes Osorio, Juan L. "Formas de anticipación de la tutela penal". Disponible en línea: **Revista Electrónica de Ciencia Penal y Criminología**. <http://criminet.ugr.es/recpc/08/recpc08-08.pdf>. (Consulta: Marzo 21, 2024).

70 Ídem., p. 25.

terse, sin que se dé la reducción proporcional por no haber desplegado dicha conducta.

Finalmente, con respecto al elemento de restricción de garantías de debido proceso, éste generalmente se manifiesta a través de contrariedades al principio constitucional de presunción de inocencia, particularmente en su regla de trato procesal. En el mundo globalizado de hoy en día no son tan identificables, especialmente para mantener una apariencia internacional coherente con los instrumentos que son vinculantes para los Estados. La secrecía del proceso o los tratos inhumanos a la persona imputada *lato sensu*, característicos de los sistemas penales inquisitivos, ya no materializan este elemento. Ahora se camuflan en construcciones legislativas más sofisticadas.

C. EL ENEMIGO EN EL DERECHO COMPARADO

Establecer disposiciones que proveen un trato diferenciado al *enemigo* en los sistemas jurídico-penales, con la intención de combatir el crimen, no es nada nuevo, sino todo lo contrario: es un fenómeno expansivo con tendencia creciente, que inclusive se puede dar en otros países, además del mexicano –que es el caso de estudio protagonista del presente trabajo–. En este apartado se estudia cómo se ha dado el combate del *enemigo* en los países de: 1) Colombia; y 2) El Salvador.

A modo de paréntesis, es importante enfatizar que, en el marco del Derecho comparado, pueden haberse manifestado –o pueden manifestarse– formas del Derecho penal –o constitucional– del enemigo diversas a las descritas en las subsecuentes líneas. Como se podrá observar de los ejemplos colombiano y salvadoreño, la tendencia materia de estudio puede adoptar distintas formas, pero estas aproximaciones sirven para entender, precisamente, que puede mutar.

1. Colombia

En el actual sistema jurídico colombiano, no se puede afirmar la existencia de un Derecho penal del enemigo, ya que dicho concepto implicaría una política criminal al margen de la ley vigente.[71] Sin embargo, antes de la promulgación de la Constitución colombiana de 1991, es posible describir el sistema penal colombiano a la luz de las características de un Derecho penal del enemigo según lo conceptualizado por Jakobs.[72]

Como contexto, es esencial considerar que Colombia ha experimentado históricamente períodos de violencia devastadora a nivel nacional,[73] lo que ha influenciado la adopción de estrategias jurídicas de combate al crimen que difieren de las utilizadas en otros países. Así, entre 1970 y 1991, Colombia estuvo bajo estado de excepción durante 17 años,[74] período en el cual la política criminal estuvo determinada por el Poder Ejecutivo.[75] Esta situación condujo a una especie de debilitamiento de la división de poderes, donde el Poder Legislativo no establecía las reglas del juego en el procedimiento penal,

---

71 Parra, William J. "El derecho penal y la política criminal de enemigo en Colombia". Facultad de Derecho y Ciencias Sociales, UPTC, 2006, p. 169.

72 Loc. Cit.

73 Játiva Guzmán, Héctor D. "Los estados de excepción en Colombia y la aplicación del control de constitucionalidad. Un análisis de la emergencia social producto del COVID 19". Disponible en línea: **Facultad de Derecho de la Universidad CES,** p. 2 <https://repository.ces.edu.co/bitstream/handle/10946/4902/1037641242_2020.pdf;jsessionid=FEF338BCD220B8724741F48D0A51294C?sequence=1>. (Consulta: Marzo 21, 2024).

74 Parra, William J., Ob. Cit.

75 Ídem., p. 170.

sino que simplemente "avalaba" las determinadas por el Poder Ejecutivo.[76]

De lo antes expuesto, se pueden desprender las siguientes dos características del estado de excepción vivido en Colombia: 1) la excepción, más bien, era la regla general, al haber sido por el 82% del tiempo transcurrido durante 1970 y 1991; y 2) el Ejecutivo se convirtió –prácticamente– en un legislador de hecho, al ser que una cantidad significativa de normas de excepción las legalizó el Congreso colombiano.[77]

Pero no sólo eso, sino que esta ausencia de control político y jurídico también implicó restricciones a garantías comunes, como imponer la justicia militar para juzgar a los civiles.[78] Según Gustavo Gallón, para finales de 1970, el 30% de los delitos del Código Penal eran competencia de cortes marciales.[79]

Ahora, con la Constitución Política de Colombia de 1991 parece ser que esta tendencia del enemigo se ha logrado contener, principalmente por sus artículos 93 y 94, que elevan a rango constitucional los instrumentos internacionales que reconocen los derechos humanos y que, aún y en estados de excepción, prevalecen. Esto parecería indicar que, por lo menos, este mensaje del legislador colombiano serviría para controlar

---

[76] Ídem., p. 169.

[77] Uprimny R., García V. M. (2005) "¿Controlando la excepcionalidad permanente en Colombia? Una defensa prudente del control judicial de los estados de excepción". Documentos de Discusión De Justicia. Bogotá. Citado por: Marín Agudelo, Edith V. "Los estados de excepción en la Constitución Política de 1991: ¿desconocimiento o preservación de los derechos fundamentales?" Disponible en línea: **Facultad de Derecho de la Universidad CES**, p. 13, <https://repository.ces.edu.co/bitstream/handle/10946/2186/Estados_Excepcion_Constitucion.pdf?sequence=1>. (Consulta: Mayo 2, 2024).

[78] Loc. Cit.

[79] Loc. Cit.

impulsos de que, posteriormente, se emitieran nuevas disposiciones que reflejen una filosofía de Derecho penal del enemigo. Esto no fue así.

Inclusive en el presente siglo, a modo de ejemplo, se ha aumentado la pena mínima de delitos en general de 40 a 60 años que, materialmente, implica una pena perpetua,[80] así como ha creado tipos penales específicos y ha aumentado penas de delitos que, en el caso particular de Colombia, se consideran más gravosos.[81] Si bien establecer temáticas prioritarias que se ajusten a la situación de criminalidad de cada país o región se considera un buen camino hacia una política de persecución penal estratégica eficiente, aumentar penas y crear delitos específicos no forman parte de la respuesta disuasoria correcta.

Este impulso punitivista de crear tipos penales y aumentar penas es señal de que, en Colombia, aún existe un Derecho penal del enemigo como respuesta a atacar los fenómenos criminales prioritarios. No obstante lo anterior, la estadística colombiana indica que, por el contrario, la impunidad continúa en grado alto, siendo que este enfoque de combate a la criminalidad sólo aumenta la población carcelaria, sin un verdadero impacto de control criminal.[82]

---

80 A pesar de que en el artículo 34 de la Constitución Política de Colombia se establece "*Se prohíben las penas de destierro, prisión perpetua y confiscación.*"

81 Giraldo Vélez, Jhon E. "Derecho penal del enemigo y política criminal en Colombia". Disponible en línea: **Facultad de Derecho de la Universidad Católica de Colombia**, pp. 23-26, <https://repository.ucatolica.edu.co/server/api/core/bitstreams/85d26f0c-7425-43a9-914c-2a67fd51b5ad/content>. (Consulta: Mayo 2, 2024).

82 Ídem., p. 26.

2. El Salvador

El Salvador es un país que en 2022 contaba con una población de 6.3 millones de personas.[83] El sábado 26 de marzo de 2022, el país cerró con una cifra de 62 homicidios.[84] Fue en ese contexto en el que, la Asamblea Legislativa de El Salvador fue convocada a una sesión plenaria extraordinaria, para decretar, con 67 votos, régimen de excepción –de garantías constitucionales– con fundamento en el artículo 29 de la Constitución de la República de El Salvador.[85]

Del discurso utilizado para justificar este decreto se puede advertir una clara polarización entre el enemigo y la ciudadanía. Por ejemplo, la diputada Alexia Rivas, el 27 de marzo, mencionó: "*En este Gobierno y en este Estado que sí funciona, esos grupos terroristas y criminales van a pagar las consecuencias porque estamos del lado de la población, estamos sesionando para proteger la vida e integridad de los salvadoreños.*"[86]

Este régimen de excepción, conforme al artículo 30 de la Constitución salvadoreña, no puede exceder de 30 días. No obstante, siempre y cuando continúen las circunstancias que la motivaron, dicho artículo también establece que "*podrá prolongarse la suspensión, por igual período y mediante nuevo decreto*". Pues bien, a 10 de abril de 2024, los diputados de la Asamblea

---

83 Expansión. "Crece la población en El Salvador en 22.000 personas." Disponible en línea: **Datos macro**. <https://datosmacro.expansion.com/demografia/poblacion/el-salvador>. (Consulta: Mayo 2, 2024).

84 Asamblea Legislativa de la República de El Salvador. "Pleno legislativo aprueba régimen de excepción para frenar ola de violencia." Sesión plenaria extraordinaria de marzo 27, 2022. Disponible en línea: <https://www.asamblea.gob.sv/node/12062>. (Consulta: Mayo 2, 2024).

85 Loc. Cit.

86 Loc. Cit.

Legislativo prorrogaron, por vigésima quinta ocasión y con 67 votos, por 30 días más el régimen de excepción.

En esta ocasión, la ampliación de dicha medida se justificó en que, según la Asamblea Legislativa, se ha logrado reducir la tasa de homicidios a cero, se han capturado más de 79,000 pandilleros, así como se han confiscado más de 3,000 armas de fuego y 8,000 vehículos.[87] Aquí la pregunta que surge naturalmente, a la luz de los hechos que dieron origen a este régimen de excepción –que parece, más bien, la regla– es, ¿a qué costo?

Regresando al inicio de este régimen de excepción, específicamente el 31 de marzo del 2022, los diputados de la Asamblea Legislativa salvadoreña aprobaron ocho iniciativas solicitadas por el Presidente, Nayib Bukele.[88] Estas iniciativas implican reformar al Código Penal, Código Procesal Penal y distintas leyes especiales cuyo objetivo es combatir delitos en específico, como aquellos relacionados con las drogas, el terrorismo, la extorsión y aquellos cometidos por menores de edad.[89]

Estas modificaciones legales no sólo son ejemplos "de libro" de un Derecho penal del enemigo, sino que el propio discurso parlamentario utilizó, explícitamente, el concepto del "*enemigo*

---

87 Asamblea Legislativa de la República de El Salvador. "Régimen de excepción garantizará seguridad a los salvadoreños por 30 días más." Sesión plenaria extraordinaria de abril 10, 2022. Disponible en línea: <https://www.asamblea.gob.sv/node/13148>. (Consulta: Mayo 2, 2024).

88 Asamblea Legislativa de la República de El Salvador. "Diputados aprueban seis reformas a códigos y leyes relacionadas a la protección de la población, tras crímenes de pandillas." Sesión plenaria extraordinaria de marzo 31, 2022. Disponible en línea: <https://www.asamblea.gob.sv/node/12072>. (Consulta: Mayo 2, 2024).

89 Loc. Cit.

en común" para justificarlas.[90] La **Tabla 3** servirá para ilustrar cómo estas reformas se adecúan a las características del Derecho penal del enemigo según Jakobs.

Tabla 3: Derecho penal del enemigo salvadoreño en reformas de régimen de excepción.

REFORMA (ORDENAMIENTO)	CARACTERÍSTICA
Tres a cinco años de prisión por pertenecer a agrupaciones, asociaciones y organizaciones con la finalidad de delinquir (Código Penal).	Anticipación de tutela penal
20 a 30 años de prisión a los "mediadores" en la conformación o permanencia de las agrupaciones, asociaciones u organizaciones (Código Penal).	
15 a 20 años de prisión por formar parte de organizaciones terroristas (Ley Especial contra Actos de Terrorismo).	
30 a 40 años de prisión por ser dirigente o cabecilla de organizaciones terroristas (Ley Especial contra Actos de Terrorismo).	

90 Asamblea Legislativa de la República de El Salvador. "Asamblea autoriza al Ejecutivo la construcción de centros penales para alojar a reos capturados durante régimen de excepción." Sesión plenaria extraordinaria de abril 20, 2022. Disponible en línea: <https://www.asamblea.gob.sv/node/12097>. (Consulta: Mayo 2, 2024); Asamblea Legislativa de la República de El Salvador. "*Ejecutivo solicita reformas a tres leyes para seguir combatiendo a terroristas.*" Sesión plenaria extraordinaria de septiembre 14, 2022. Disponible en línea: <https://www.asamblea.gob.sv/node/12406>. (Consulta: Mayo 2, 2024); Asamblea Legislativa de la República de El Salvador. "Asamblea respalda al Gabinete de Seguridad con reformas a ley del crimen organizado y de telecomunicaciones." Sesión plenaria extraordinaria de octubre 27, 2022. Disponible en línea: <https://www.asamblea.gob.sv/node/12497>. (Consulta: Mayo 2, 2024).

20 a 30 años de prisión por la comisión de delitos por miembros terroristas –maras o pandillas– o de cualquier agrupación criminal (Código Penal).	Alta desproporcionalidad de penas
40 a 45 años de prisión a los "cabecillas", es decir, dirigentes de pandillas o grupos terroristas y a sus financistas (Código Penal).	
20 a 30 años de prisión a la posesión, tenencia cultivo, tráfico o promoción de drogas por parte de pandilleros (Ley Reguladora de Actividades Relativas a las Drogas).	
20 años de prisión para menores de edad que hubieren cumplido 16 años y 10 años de prisión para menores de edad que hubieren cumplido 12 años, por la comisión de los delitos de homicidio, extorsión, secuestro, violación, agresión sexual y robo agravado (Ley Penal Juvenil).	
15 a 20 años para los que cometan el delito de extorsión (Ley Especial Contra el Delito de Extorsión).	
Se eliminan las medidas alternas a la detención para todos aquellos miembros de grupos terroristas (Código Procesal Penal).	Supresión de garantías procesales
La declaración de testigos será válida aunque no comparezcan personalmente (Código Procesal Penal).	

Fuente: Elaboración propia, con base en sesión plenaria extraordinaria de marzo 27, 2022, de la Asamblea Legislativa de la República de El Salvador.

De la lectura de la **Tabla 3** se puede desprender la estrecha relación entre las características de la anticipación de la tutela penal y la alta desproporcionalidad de las penas, toda vez que sancionar actos preparatorios –o que no impliquen una modificación material al mundo físico– igual que uno que sí tenga este impacto, es notoriamente desproporcionado.

Ahora, es importante aclarar que, si bien aparentemente las garantías procesales son las menos erosionadas, el simple régimen de excepción ya erosiona la columna vertebral de un debido proceso penal: el contenido en el artículo 12 de la Constitución salvadoreña, a saber, el principio de presunción de inocencia.[91]

D. EL ENEMIGO EN LA CONSTITUCIÓN MEXICANA

Según Zaffaroni, la incertidumbre sobre el futuro permite que el juicio de peligrosidad permanezca abierto para aquellos que tienen la autoridad de decidir quién es considerado como enemigo y quién deja de serlo.[92] Esta decisión siempre estará sujeta al juicio subjetivo del individuo que ejerce el poder, como es el caso de los legisladores federales mexicanos.[93] En otras palabras, la definición de quién representa una amenaza para la sociedad está determinada por la percepción personal y subjetiva de quienes –en determinadas circunstancias, contextos y momentos históricos– detentan el poder, lo que puede tener consecuencias significativas en el ámbito legal y social.

En México, como ya se mencionó, la piedra angular del sistema penal acusatorio se puede encontrar en el artículo 20 constitucional. La reforma constitucional que la trajo –la del 2008– fue una iniciativa legislativa que velaba la protección de los derechos tanto de las víctimas, como de las personas imputadas *lato sensu*, consolidando el sistema penal mexicano

---

91 "***Art. 12.***- *Toda persona a quien se le impute un delito, se presumirá inocente mientras no se pruebe su culpabilidad conforme a la ley y en juicio público, en el que se le aseguren todas las garantías necesarias para su defensa.*"

92 Zaffaroni, Eugenio R., Ob. Cit., p. 16.

93 Para efectos del presente trabajo, se considerarán los legisladores federales mexicanos, no así los locales, porque si bien estos últimos también deciden quien es o no el enemigo a través de reformas a los códigos sustantivos, el enfoque que se tendrá es hacia la Constitución mexicana, cuya facultad de reforma o adición es de la legislatura federal.

bajo el espíritu de un verdadero garantismo penal adjetivo. No obstante, parece ser que en esta iniciativa venía una segunda escondida; un régimen constitucional extraordinario para ciertos delitos.

Esencialmente, este régimen constitucional extraordinario se puede advertir de los artículos 16, 18, 19, 20 y 22 constitucionales, pues proveen *prima facie* un trato procesal diferenciado a los delitos considerados prioritarios, graves o de alto impacto, así como a los casos de delincuencia organizada. Estos artículos constituyen el *Derecho constitucional del enemigo mexicano.* La **Tabla 4** servirá para visualizar este régimen constitucional extraordinario.

Tabla 4: Derecho constitucional del enemigo mexicano.

ARTÍCULO CONSTITUCIONAL	NORMA
16	• Posibilidad de solicitar el arraigo –distinto al resguardo del 155.XIII del Código Nacional de Procedimientos Penales– domiciliario a los miembros de la delincuencia organizada previo a la formulación de imputación ante juez de control; • Se define a la delincuencia organizada como una organización de hecho de tres o más personas, para cometer delitos en forma permanente o reiterada; • Posibilidad de duplicar el plazo constitucional para la retención ante el Ministerio Público en casos de delincuencia organizada.
18	• Excepción a posibilidad de compurgar penas en los centros penitenciarios más cercanos de sus domicilios, en casos de delincuencia organizada; • Se designan centros especiales para cumplir con la prisión preventiva en casos de delincuencia organizada; • Posibilidad de restringir comunicaciones para los recluidos por estar imputados *lato sensu* o con sentencia por delincuencia organizada.

19	• Contempla la prisión preventiva oficiosa o automática en casos de delincuencia organizada.
20	• Posibilidad de reservar el nombre y otros datos de la víctima o de quienes depongan en contra de la persona imputada *lato sensu* de delincuencia organizada; • Posibilidad de otorgar valor a las pruebas que no puedan ser reproducidas en juicio o exista riesgo para testigos o víctimas.
22	• Posibilidad de proseguir con la acción de extinción de dominio en caso de delincuencia organizada, respecto de aquellos bienes que sean producto de dicho delito y el acusado se comporte como dueño.

Fuente: Elaboración propia, con base en la Constitución Política de los Estados Unidos Mexicanos.

Las figuras descritas *supra* son, natural y notoriamente, violatorias de derechos humanos y del debido proceso penal. Desde que proveen un trato diferenciado injustificado, hasta que son violatorios de diversos principios propios del sistema penal acusatorio, como la libre valoración de la prueba y, más claramente, la presunción de inocencia, en tanto que estos tratos son previos a que se haya determinado la culpabilidad o inocencia de la persona imputada *lato sensu* a través de una sentencia definitiva.

Esta restricción no se limita únicamente a los casos de delincuencia organizada. La reforma constitucional del 2008 amplió constitucionalmente la noción de enemigo en el sistema legal *ordinario*, mediante un catálogo de delitos bastante extenso que justifica la prisión preventiva de forma automática y obligatoria, para casos diversos a la delincuencia organizada, considerados como "delitos graves".[94]

---

94 A la fecha de redacción de esta obra, en los casos de abuso o violencia sexual contra menores, delincuencia organizada, extorsión, delitos previstos en las leyes aplicables cometidos para la ilegal in-

La naturaleza de este encarcelamiento cautelar de oficio sigue la lógica del dicho de Francisco Villa “mata, luego averigua”. No se permite un debate para determinar si se cumplen las condiciones necesarias para justificar su aplicación, contrario al estándar convencional de pasar un escrutinio de proporcionalidad[95] tras considerar los argumentos de las partes involucradas respecto de la conducencia de la medida cautelar.[96]

Como resultado de la constitucionalización de este régimen extraordinario y la prisión preventiva automática, conforme al bloque de constitucionalidad, la protección contra este tipo de medidas no es posible a través de un juicio de

---

troducción y desvío, producción, preparación, enajenación, adquisición, importación, exportación, transportación, almacenamiento y distribución de precursores químicos y sustancias químicas esenciales, drogas sintéticas, fentanilo y derivados, homicidio doloso, feminicidio, violación, secuestro, trata de personas, robo de casa habitación, uso de programas sociales con fines electorales, corrupción tratándose de los delitos de enriquecimiento ilícito y ejercicio abusivo de funciones, robo al transporte de carga en cualquiera de sus modalidades, delitos en materia de hidrocarburos, petrolíferos o petroquímicos, delitos en materia de desaparición forzada de personas y desaparición cometida por particulares, delitos cometidos con medios violentos como armas y explosivos, delitos en materia de armas de fuego y explosivos de uso exclusivo del Ejército, la Armada y la Fuerza Aérea, así como los delitos graves que determine la ley en contra de la seguridad de la nación, de la salud, del libre desarrollo de la personalidad, contrabando y cualquier actividad relacionada con falsos comprobantes fiscales, en los términos fijados por la ley.

95 **Caso Tzompaxtle Tecpile y otros vs. México.** Sentencia de la Corte Interamericana de Derechos Humanos. Resuelto: Noviembre 7, 2022. Presidente: Juez Ricardo C. Pérez Manrique, párr. 97; **Caso García Rodríguez y otro vs. México.** Sentencia de la Corte Interamericana de Derechos Humanos. Resuelto: Enero 25, 2023. Presidente: Juez Ricardo C. Pérez Manrique, párr. 156.

96 *Véase* **Código Nacional de Procedimientos Penales.** (P. O. Marzo 5, 2014/Enero 26, 2024), artículo 153.

amparo. A diferencia de lo que ocurriría si estas medidas estuvieran reguladas únicamente por la legislación ordinaria, no sería posible argumentar en contra de su aplicación basándose en los derechos humanos tutelados por tratados internacionales.

En consecuencia, bajo la retórica de la democracia constitucional, constitucionalizar la noción del enemigo le ha otorgado su propio *coto vedado*, donde los derechos humanos pueden quedar en segundo plano frente a la voluntad del poder político.

CONCLUSIONES DEL CAPÍTULO II.
• Desde la teoría política se ha desarrollado la idea de la necesidad de tratar diferenciadamente al *enemigo* –frente al tratamiento del *ciudadano*– en virtud de que representa una *amenaza* a la autonomía o soberanía del *pueblo*. • El discurso de la *guerra* contra la criminalidad ha justificado el desarrollo del Derecho penal del enemigo que busca controlar el crimen mediante medidas restrictivas, como: 1) anticipando la tutela penal; 2) legislando penas desproporcionadas; y 3) restringiendo garantías procesales. • Los casos de estudio de Colombia y El Salvador son muestra de que esta tendencia del *enemigo*, aún tras el amplio desarrollo que ha tenido el estudio de los derechos humanos y su protección a través de medios de control constitucional, ésta sigue estando vigente. • En México, a pesar de que la reforma constitucional del 2008 –en apariencia– buscó adoptar un sistema penal garantista, ésta trajo consigo la creación de un régimen constitucional extraordinario para la persecución de ciertos delitos. Si se leen detenidamente los artículos 16, 18, 19, 20 y 22 de la Constitución mexicana, se puede encontrar la adopción constitucional de disposiciones correspondientes a un Derecho penal del enemigo.

Capítulo III.

Derecho constitucional del enemigo

"*Pretender que es posible incrementar el poder punitivo sólo respecto de* enemigos *no identificables* ab initio *es una ingenuidad, por no decir una alteración sensorial grave.*"[97] Como se ha insistido hasta el cansancio, el Derecho penal debe ir orientado a fijar las directrices bajo las cuales actuará quien detenta el poder punitivo, o en otras palabras, a limitar su ejercicio arbitrario.

El Derecho penal del enemigo en México, particularmente en su vertiente procesal, lo podemos ver legislado a través de la prisión preventiva oficiosa y el régimen extraordinario para los casos de delincuencia organizada. Su más notable particularidad es que estas figuras se encuentran en la Constitución mexicana. Por consiguiente, para poder *diseccionar* su contenido, es que en el presente capítulo se desarrolla lo siguiente: A) configuración del Derecho constitucional del enemigo; y B) examen crítico.

A. CONFIGURACIÓN DEL DERECHO CONSTITUCIONAL DEL ENEMIGO

No existe peor enemigo que aquel que no podemos ver. Por ello, es crucial identificarlo y caracterizarlo adecuadamente. Desentrañar y comprender las características fundamentales del Derecho constitucional del enemigo es un primer paso para enfrentar y mitigar sus efectos negativos en el sistema jurídico donde tenga vida.

---

97 Zaffaroni, Eugenio R., Ob. Cit., p. 127.

Con base en el contexto del Estado mexicano y asumiendo que surge en entornos de supuestas o aparentes democracias constitucionales, en este apartado se abstrajeron los elementos del Derecho constitucional del enemigo en los siguientes: 1) adopción en Constitución; 2) indeterminación del enemigo; y 3) excepción a principios generales; para concluir este apartado con una 4) advertencia sobre caracterización.

1. Adopción en constitución

En el contexto de una democracia constitucional, una de las características más emblemáticas del Derecho constitucional del enemigo es que esté adoptado en la propia Constitución, lo cual le otorga su carácter de *constitucional*. En un entorno de autoritarismo, esta característica no sería necesaria, ya que sería suficiente con que estas normas estuvieran en la legislación ordinaria, sin la amenaza de que los actos emanados de estas normas –o las normas en sí mismas– sean combatidos, inaplicados o anulados.

En una democracia constitucional, un elemento esencial para garantizar la protección de los derechos humanos o fundamentales reconocidos constitucionalmente es la existencia de mecanismos jurisdiccionales para su tutela, o medios de control constitucional. Así, los órganos jurisdiccionales encargados de esta facultad pueden actuar como legisladores negativos, inaplicando normas generales, actos u omisiones que contravengan la Constitución.

El Derecho penal del enemigo presenta diversas características que permiten argumentar que es violatorio de los derechos humanos.[98] Si una constitución contempla derechos humanos como la libertad personal o la presunción de inocencia,

98 Argumentos que se abordarán en el siguiente apartado del presente Capítulo.

o bien, reconoce el rango constitucional de instrumentos internacionales en materia de derechos humanos, entonces las disposiciones que reflejen tendencias del Derecho penal del enemigo serían declaradas inconstitucionales.

Generalmente, una constitución amplía la protección de ciertos derechos humanos, lo cual, a la luz del principio de progresividad e interdependencia, los protege y manda un mensaje de atención a las necesidades y circunstancias específicas del país. Aunque estas medidas puedan violar derechos humanos, el legislador positivo las suele constitucionalizar bajo el argumento de ser "medidas necesarias para combatir el crimen" en contextos de altos índices delictivos o conmoción social por la mediatización de ciertos delitos. Esta justificación permite elevar a rango constitucional disposiciones que, de otro modo, serían declaradas inconstitucionales, otorgándoles así su propio *coto vedado.*

De esta forma, una de las características más simbólicas, y sin la cual no podría hablarse de un Derecho constitucional del enemigo, es precisamente que figuras generalmente correspondientes al Derecho penal del enemigo no estén contempladas en ordenamientos secundarios –como códigos penales adjetivos o sustantivos– sino en la propia constitución.

2. Indeterminación del enemigo

Uno de los elementos que, lamentablemente, fundamentan los sistemas de justicia penal contemporáneos es el populismo penal. En 1995, Anthony Bottoms acuñó el término "*populismo punitivista*" para describir esta tendencia de política a aprovechar y utilizar la postura generalmente punitiva del público, especialmente en casos de delitos violentos y sexuales.[99] Posteriormente,

---

99 Bell, Emma. "*The Decline of Penal Populism in the UK?*" Disponible en línea: ***British Society of Criminology***. <https://www.britsoccrim.org/

el término evolucionó a "*populismo penal*" cuando Julian Roberts señaló que los populistas penales privilegian la ventaja electoral sobre una política criminal eficaz.[100]

Estas tendencias de criminalización persiguen efectos meramente simbólicos, ofreciendo la apariencia de un Poder Legislativo que atiende a las necesidades del pueblo.[101] Así surge el Derecho penal simbólico, que identifica la tendencia de este Poder a priorizar la aprobación de normas con fines mercadotécnicos de conservación política, construyendo una imagen de identidad social mediante la definición de "otros" que no forman parte de esta identidad.[102]

Esto guarda similitud con lo que Zaffaroni denominó "*discurso penal republicano desde 1980*", caracterizado por la promesa de más penas para proporcionar más seguridad y la afirmación de que los delincuentes no merecen garantías.[103] Según este discurso, "*se alucina una guerra de criminalidad que, por supuesto, también es* sucia, *porque los delincuentes no son* caballeros".[104] En otras palabras, se imagina una guerra contra la criminalidad en la que los delincuentes no son vistos como merecedores de un trato justo.

Desde la perspectiva del Poder Legislativo, el Derecho penal del enemigo surge de la confluencia del populismo penal y el Derecho penal simbólico.[105] Este fenómeno busca generar

---

wp-content/uploads/2018/12/BSCN83-Bell.pdf>. (Consulta: Septiembre 1, 2024).

100 *European Center for Populism Studies.* "*Penal Populism*". Disponible en línea: **ECPS**. <https://www.populismstudies.org/Vocabulary/penal-populism/>. (Consulta: Septiembre 1, 2024).

101 Jakobs, G. y Cancio Meliá, M., Ob. Cit., pp. 76-77.

102 Ídem., pp. 84-85.

103 Zaffaroni, Eugenio R., Ob. Cit., p. 67.

104 Loc. Cit.

105 Jakobs, G. y Cancio Meliá, M, Ob. Cit., p. 85.

tranquilidad mediante la promulgación de normas que carecen de un contenido eficaz de política criminal. Esto puede manifestarse de dos formas: 1) creando normas penales para tipificar conductas ya sancionadas; o 2) endureciendo las sanciones de normas penales existentes.[106]

Además, el Derecho constitucional del enemigo tiene una característica adicional: la discrecionalidad en la definición del enemigo. Como no existe una norma superior a la constitución, la selección del enemigo depende únicamente de la voluntad del Poder Legislativo. Basta con que los legisladores acuerden quién será añadido a la lista de enemigos del Estado. Esta definición no está estrictamente fijada por parámetros, estándares, ideologías o valores, sino que puede variar con el tiempo, dependiendo del mensaje político que quienes detentan el poder deseen enviar.

Anteriormente, la legislación con características autoritarias, o el Derecho penal del enemigo, estaba regida por un autoritarismo ideológico, como el fascismo, nazismo o stalinismo.[107] Actualmente, como dice Zaffaroni, "*los legisladores lo hacen solo por temor a la publicidad contraria o por oportunismo*".[108]

La historia ha demostrado que el enemigo se ha definido arbitrariamente, "*al antojo*" de quienes detentan el poder.[109] Esto no ha cambiado. Al no existir parámetros de valoración fijos y al constitucionalizar figuras correspondientes a un Derecho penal del enemigo, se deja la puerta abierta para que, a discreción de quienes tienen la facultad legislativa, los considerados enemigos puedan cambiar constantemente, como un velcro al que se le puede quitar y poner esta etiqueta según convenga.

---

106 Ídem., p. 79.

107 Zaffaroni, Eugenio R., Ob. Cit., p. 83.

108 Loc. Cit.

109 Ídem., p. 85.

Entonces, el Derecho constitucional del enemigo puede ser más impredecible que una legislación guiada por un autoritarismo ideológico. Al no estar regido por una idea concreta, este fenómeno refleja las consecuencias del "*vacío de pensamiento*"[110] al momento de elaborar una política criminal, provocando una guerra con un enemigo indeterminado.[111]

3. Excepción a principios generales

Finalmente, *otra* característica simbólica, e incluso esencial, del Derecho constitucional del enemigo es que este fenómeno se disfraza como una excepción a ciertos principios generales. Esto se evidencia a través del tratamiento diferenciado a determinados delitos prioritarios o *enemigos* del Estado. Aunque la excepción confirma la regla, en este caso, la clave para identificar un Derecho constitucional del enemigo es que estas excepciones se hacen en situaciones donde no deberían existir, o desde una perspectiva lógica, son absurdas.

En este contexto, lo absurdo, entendido como lo superfluo o inútil, lo que provoca una incoherencia en el sistema jurídico o lo que hace ineficaz el texto de una disposición legal,[112] se manifiesta como el tratamiento diferenciado a casos perseguidos por delitos en particular, que implique una transgresión a un *coto vedado* o *frontera infranqueable.* En particular, esta excepción se muestra en normas jurídicas que, de no estar adoptadas en la Constitución, serían evidentemente contrarias a principios fundamentales del Derecho penal, como lo es –por antonomasia– el principio de presunción de inocencia.

---

110 Ídem., p. 83.

111 Ídem., p. 81.

112 Rodríguez-Toubes Muñiz, Joaquín. "La reducción al absurdo como argumento jurídico". En: **Cuadernos de Filosofía del Derecho.** DOXA, vol. 35, 2012, p. 102.

Una característica destacada del Derecho constitucional del enemigo es que, desde etapas muy preliminares –o iniciales– del procedimiento penal, se considera culpable a la persona imputada *lato sensu* de la comisión de una conducta delictiva. Al igual que Rousseau dijo que el hombre nace libre pero está encadenado en todas partes,[113] *el enemigo es considerado inocente pero se presume su culpabilidad durante el proceso penal.*

De esta contradicción a uno de los pilares del proceso penal –la presunción de inocencia– surgen más excepciones a las garantías del debido proceso. Asumiendo la peligrosidad de la persona investigada, en el Derecho constitucional del enemigo no se aplica el mismo Derecho penal que al *ciudadano* común, o el *Derecho penal del ciudadano.* Estas restricciones de garantías pueden ser desde muy leves –y, por ende, poco notadas– hasta muy graves.

4. Advertencia sobre caracterización

En otro orden de ideas, es importante aclarar que ejemplificar el fenómeno de tratar diferenciadamente al enemigo mediante la adopción de restricciones a garantías procesales en una Constitución se hace desde la perspectiva del caso mexicano. No obstante, esto no significa que otras características del Derecho penal del enemigo, como la anticipación de la tutela penal o la desproporcionalidad de las penas, no puedan presentarse en este fenómeno.

La intención de abstraer el caso mexicano para ofrecer una radiografía general del Derecho constitucional del enemigo consiste en evitar definiciones con *precisión quirúrgica* que posteriormente sean inútiles. Contrario a las camas de Procusto, que ajustaban al viajero cortándole o alargándole las piernas,

---

[113] Rousseau, Jean-Jacques, Ob. Cit., p. 1.

no se pretende adaptar futuros fenómenos legislativos o tendencias punitivistas a las características propuestas, sino que las características se adapten a estos fenómenos.

Incluso, con los fenómenos y tendencias actuales, podrían surgir nuevas características no contempladas por Jakobs sobre lo que, en esencia, es un Derecho penal del enemigo. A modo de ejemplo, esto podría manifestarse mediante excepciones al principio de exacta aplicación de la ley penal en su vertiente de taxatividad para determinados fenómenos criminales, en conductas tipificadas de manera ambigua o vaga que permitan la arbitrariedad para su actualización, en la admisión de penas de muerte sólo para ciertos delincuentes, la aceptación de confesiones extrajudiciales para ciertos delitos, o la combinación de estos ejemplos y otros aún no imaginados.

La pretensión de diseccionar su configuración no es que, necesariamente, para poder hablar de Derecho constitucional del enemigo, encajen como *traje a la medida* todos estos supuestos –aunque, naturalmente, se asume que debe estar en la constitución– sino proporcionar herramientas para "desenmascarar" o "desnudar" de normas que correspondan a este fenómeno. Inclusive, por ejemplo, podrían surgir nociones del enemigo vía algún criterio jurisdiccional que interprete arbitrariamente principios constitucionales.

Estos elementos o características pueden variar con el tiempo, adaptarse para evadir su combate mediante mecanismos de protección de derechos humanos o evolucionar. La clave para su identificación, análisis crítico y eventual contención consiste en entender que el *deber ser* del Derecho penal no debe ser simplemente encarcelar a las personas, sino limitar el poder punitivo del Estado. Cualquier *incentivo perverso* para abusar de este poder, o restricción injustificada de derechos humanos, aunque sea con la intención de controlar el crimen, debe activar las alertas del sismógrafo constitucional.

B. EXAMEN CRÍTICO

Por principio de orden, primeramente se realizó una radiografía del Derecho constitucional del enemigo, tomando como referencia su manifestación del Estado mexicano. Ahora, tras haberlo descrito por lo que es, evitando ceder a los impulsos de criticarlo mientras se desentraña su configuración, a continuación se presenta un examen crítico de este fenómeno legislativo, destacando las siguientes deficiencias y peligros: 1) semejanzas con el sistema penal inquisitivo; 2) ineficacia en control del crimen; 3) incertidumbre jurídica; y 4) violación a derechos humanos.

1. Semejanzas con el sistema penal inquisitivo

El sistema penal inquisitivo se caracteriza por la concentración de funciones de investigación, acusación y juzgamiento en una sola autoridad, generalmente el juez.[114] Este sistema se enfoca en encontrar la "verdad material" de los hechos,[115] pero el proceso puede ser muy duro para la persona imputada *lato sensu*, quien es tratada como un objeto procesal y no como un sujeto.[116]

En este sistema, el acusado es presunto culpable hasta que se demuestre lo contrario. Entre sus principales características se encuentran: 1) el proceso se lleva a cabo en secreto, predominando la escritura, rapidez y ausencia de contradicción; 2) se basa en el sistema de prueba tasada,

---

114 Guerra Flores, Angélica. **Introducción al Proceso Penal Acusatorio. Juicios Orales.** México, Oxford University Press, 2015, p. 2.

115 Barragán Salvatierra, Carlos. **Derecho Procesal Penal.** 3a ed., México, McGraw Hill, 2009, p. 34.

116 Sotomayor Garza, Jesús G. **Introducción al Estudio del Juicio Oral Penal.** México, Editorial Porrúa, 2015, pp. 19-20.

donde la confesión –a menudo obtenida mediante tortura– es considerada la "prueba reina"; 3) la privación de la libertad está sujeta al capricho de la autoridad, siendo la prisión preventiva la regla y no la excepción.[117]

Para ilustrar la perversión del poder punitivo del Estado bajo este modelo, Ferrajoli describe el procedimiento inquisitorial como "*un complejo código de pruebas legales, técnicas inquisitivas, prácticas de tortura y cánones de enjuiciamiento* [...], *haciendo de la doctrina del proceso penal una especie de ciencia de los horrores.*"[118]

En un experimento para entender las causas del mal, Zimbardo identificó dos factores que pueden convertir a una persona "buena" en "mala": la desindividualización y la deshumanización.[119] La desindividualización ocurre mediante la reducción de la responsabilidad social y la eliminación de la preocupación por la autoevaluación.[120] La deshumanización se da al tratar a otras personas como objetos, desvinculándolas moralmente y justificando egocéntricamente las acciones.[121]

Elementos como la secrecía del proceso y la consideración de las personas imputadas *lato sensu* como objetos del proceso fomentan la desindividualización y deshumanización en el sistema penal inquisitivo. Con estas consideraciones en mente, el

---

117 *Véase* Guerra Flores, Angélica, Ob. Cit., p. 2; Barragán Salvatierra, Carlos, Ob. Cit., p. 34; López Betancourt, Eduardo. **Derecho procesal penal**. 3a ed., México, IURE editores, 2018, p. 9.

118 Ferrajoli, Luigi. **Derecho y razón: Teoría del garantismo penal**, Ob. Cit., p. 566.

119 Zimbardo, Philip. ***The Lucifer Effect. Understanding How Good People Turn Evil.*** Estados Unidos de América, *The Random House Publishing Group*, 2008.

120 Ídem., p. 305.

121 Ídem., p. 310.

Derecho penal o constitucional del enemigo está íntimamente relacionado con el sistema penal inquisitivo. La indeterminación del enemigo –dejada al arbitrio de la autoridad– y la restricción de garantías procesales –como la presunción de inocencia y los principios de publicidad, oralidad, concentración y contradicción– dotan de una naturaleza inquisitiva a las normas de este fenómeno.

En México, la prisión preventiva oficiosa refleja similitudes con el sistema penal inquisitivo y el Derecho constitucional del enemigo, ya que se impone automáticamente por mandato constitucional, sin necesidad de exposición del Ministerio Público, debate de la persona imputada o su defensa, ni motivación por parte de la autoridad judicial sobre la necesidad y proporcionalidad de la medida. Esta medida se aplica en la etapa de investigación del proceso penal –durante la audiencia inicial– cuando aún no se han desahogado pruebas y se manejan solo estándares probabilísticos, lo que subraya su carácter preliminar y automático.

Desde la perspectiva del poder punitivo, la prisión preventiva, especialmente la oficiosa, genera un incentivo perverso. Así como "la oportunidad hace al delincuente", la posibilidad de encarcelar a alguien sin sentencia firme puede convertir a las autoridades en abusadoras de poder.

Por ello, se puede decir que la prisión preventiva oficiosa arrastra consigo varias de las características más perversas del sistema penal inquisitivo, como la prueba tasada, la deshumanización de la persona imputada, la erosión de la contradicción y el abuso de la prisión preventiva. Esta restricción de garantías y anticipación de punibilidad pone de manifiesto lo que la retórica del sistema penal acusatorio "garantista" y "protector de derechos humanos" nacido en la reforma constitucional del 2008 en materia de seguridad pública y justicia penal oculta: un Derecho constitucional del enemigo.

2. Ineficacia en control del crimen

Uno de los argumentos más relevantes a favor del Derecho penal –en este caso, constitucional– del enemigo es que surge para controlar el crimen en contextos específicos. Este argumento no es novedoso, ya que la represión de conductas penales a través de sanciones es vista como una de las funciones principales del procedimiento penal, conocida como prevención general positiva.

No obstante, esta visión punitivista puede fungir como un incentivo perverso para los legisladores. Desde la perspectiva de la prevención general negativa, a través de la cual se busca mandar un mensaje intimidatorio a la sociedad con la sanción penal de ciertas conductas, aumentar penas o tipificar conductas ya sancionadas no resulta útil para prevenir la comisión de delitos, ni para controlar el crimen.[122]

El simple incremento de las penas, anticipar la tutela penal o restringir garantías procesales no son eficaces, por sí mismas, para combatir el crimen. En cambio, la certeza de captura y sanción puede verdaderamente influir en el comportamiento delictivo.[123] La tendencia represora de la prevención general sólo aumenta la inequidad del sistema –sin evidencia suficiente

---

122 Deshman, Abby. "*No, Longer Prison Sentences do not Reduce Crime*". Disponible en línea: ***Canadian Civil Liberties Association***. 2022, <https://ccla.org/criminal-justice/no-longer-prison-sentences-do-not-reduce-crime/>. (Consulta: Septiembre 1, 2024); Turner, Nicholas. "*Research Shows That Long Prison Sentences Don't Actually Improve Safety*". Disponible en línea: ***Vera Institute of Justice***. 2023, <https://www.vera.org/news/research-shows-that-long-prison-sentences-dont-actually-improve-safety>. (Consulta: Septiembre 1, 2024); *National Institute of Justice*. "*Five Things About Deterrence*". Disponible en línea: ***U.S. Department of Justice–Office of Justice Programs***. <https://perma.cc/2KJL-SAE8>. (Consulta: Septiembre 1, 2024).

123 Deshman, Abby, Ob. Cit.

de que disminuyan los delitos– y cuando ocurre, la disminución es marginal y costosa para el Estado.[124]

En México, el enemigo se puede identificar en el catálogo de delitos susceptibles de imposición de prisión preventiva oficiosa en el artículo 19 constitucional. Tal y como lo marca la tendencia de aumentar las penas en un afán populista y simbólico, el impulso del legislador con este catálogo de delitos no va hacia eliminarlo o disminuirlo, sino que parece ser todo lo contrario: va hacia mantenerlo y aumentarlo.

Así como aumentar las penas de los delitos no contribuye a controlar la incidencia delictiva, restringir garantías procesales a personas imputadas sólo aumenta la brecha de inequidad del sistema de justicia. En principio, si el Ministerio Público no construye una teoría del caso suficientemente fuerte, es probable que se prive injustamente de la libertad a una persona. En cambio, en un sistema –garantista– donde sólo se pueda imponer prisión preventiva de manera *justificada*, si se cometió un delito grave o de alto impacto y se tiene una teoría del caso robusta, naturalmente deberían existir elementos para acreditar los riesgos procesales necesarios para su imposición fundada y motivada.

Si los motivos para mantener la prisión preventiva automática son proteger a las víctimas, comunidad, investigación o prevenir la sustracción de la persona imputada, entonces esta

---

124 Cavada Herrera, Juan P. "Efectos del agravamiento de las penas frente a la comisión de delitos". Disponible en línea: **Biblioteca del Congreso Nacional de Chile**. 2016, <https://obtienearchivo.bcn.cl/obtienearchivo?id=repositorio/10221/24913/1/Efectos_del_agravamiento_de_las_penas_frente_a_la_comision_de_delitos.pdf>. (Consulta: Septiembre 1, 2024); Comisión Nacional de Derechos Humanos. **Racionalización de la pena de prisión–Pronunciamiento.** Disponible en línea: **CNDH México**. <https://www.cndh.org.mx/sites/all/doc/Informes/Especiales/Pronunciamiento_20160331.pdf>. (Consulta: Septiembre 1, 2024).

figura es inútil. Una investigación bien realizada debería permitir lograr estos fines sin recurrir a una medida tan extrema.

Para combatir eficaz y eficientemente el crimen, se requiere una política criminal bien establecida de persecución penal estratégica, que aunque no es sencilla y requiere voluntad política, es necesaria y alcanzable. Si la alternativa es darle un cheque en blanco al poder punitivo, ésta es inaceptable e injustificada, y significa que no estamos atendiendo a la enfermedad con la medicina adecuada.

3. Incertidumbre jurídica

La característica *constitucional* del Derecho constitucional del enemigo en una aparente democracia constitucional con mecanismos de control constitucional genera incertidumbre jurídica. Por ejemplo, algunas autoridades judiciales, invocando el principio pro-persona, pueden decidir inaplicar el Derecho constitucional del enemigo a favor de disposiciones menos gravosas de derechos humanos –lo que puede no agradarle al grupo de poder que en un inicio lo diseñó–, mientras que otras autoridades de igual jerarquía pueden optar por aplicarlo, argumentando la necesidad de cumplir con la constitución vigente.

En México, esta problemática de configuración constitucional se da a través de la interpretación que se da al parámetro de control de regularidad constitucional, o bloque de constitucionalidad. Éste se compone de los derechos humanos contenidos en la Constitución mexicana y en los tratados internacionales de los cuales México sea parte, excepto cuando la Constitución establezca una restricción expresa a estos derechos, en cuyo caso se debe atender a lo dispuesto en la norma constitucional.[125]

---

[125] **Derechos humanos contenidos en la Constitución y en los tratados internacionales constituyen el parámetro de control de regularidad**

Derivado de este ejercicio interpretativo realizado por el Pleno del Alto Tribunal mexicano, ha surgido la tendencia de elevar a rango constitucional normas que, de estar contenidas en legislación secundaria, se considerarían contrarias a los derechos humanos o su aplicación sería violatoria de estos. Bajo el pretexto de que "la constitución no puede ser inconstitucional", se argumenta que no hay manera de impugnar mediante el juicio de amparo estas disposiciones que son claramente contrarias al principio liberal de una democracia constitucional que, en el discurso, el Estado mexicano busca ser.

Estas normas son claramente contrarias al principio liberal de una democracia constitucional. Al priorizar las restricciones expresas en la Constitución, están limitando el alcance de la interpretación pro persona de los órganos jurisdiccionales de amparo. Cuando se habla de *restricción* en un ordenamiento jurídico, se presume la existencia de otro ordenamiento con *mayores beneficios*. Es decir, es un ejercicio de evaluación de un texto normativo frente a otro. Por lo tanto, si se reconoce que existe una restricción expresa a los derechos humanos, esto implica reconocer que existe otra norma que los reconoce o garantiza.

En términos simplistas, es cierto que la constitución, por su propia naturaleza, no puede ser inconstitucional, pero esta afirmación se ha interpretado de manera perversa por la comunidad jurídica como una "señal de alto semántica",

---

constitucional, pero cuando en la Constitución haya una restricción expresa al ejercicio de aquéllos, se debe estar a lo que establece el texto constitucional. Jurisprudencia. Contradicción de criterios (antes contradicción de tesis) 293/2011. Pleno de la Suprema Corte de Justicia de la Nación. Clave P./J. 20/2014 (10a.) (*SJF: 10ª época, T I, Abril, 2014, p. 202*). Disponible en línea: Semanario Judicial de la Federación <https://sjf2.scjn.gob.mx/detalle/tesis/2006224>. Registro 2006224. (Consulta: Septiembre 1, 2024).

ignorando que la constitución, en efecto, puede ser inconvencional o violatoria de derechos humanos.

Además, cuando el legislador mexicano se ha enfrentado al hecho de que su trabajo legislativo en legislación secundaria es contrario a los derechos humanos consagrados en la Constitución, la solución adoptada ha sido simplemente incluirlo en la Constitución. Así, dicho trabajo legislativo no puede ser impugnado mediante el control difuso de la constitucionalidad o mediante el juicio de amparo. De esta forma, a la luz de la retórica de la democracia constitucional, el constitucionalizar al Derecho penal del enemigo le otorgó su propio *coto vedado* frente a los derechos humanos.

La incertidumbre jurídica se intensificó en México con los efectos internos de las sentencias de la Corte Interamericana de Derechos Humanos, en los casos "Tzompaxtle Tecpile y otros vs. México" y "García Rodríguez y otro vs. México". Ambos casos abordaron el análisis de las figuras del arraigo y la prisión preventiva oficiosa, que en su momento estaban contenidas en legislaciones secundarias, pero posteriormente se incorporaron a la Constitución mexicana.

La intención aparente de la Corte Interamericana de Derechos Humanos en su condena era que México modificara su legislación interna para que fuera coherente con el espíritu de la Convención Americana sobre Derechos Humanos. A pesar de esto, la ausencia de voluntad política en este aspecto llevó a que las personas operadoras jurídicas del sistema penal mexicano abogaran por la inaplicación de la prisión preventiva oficiosa mediante el juicio de amparo.

Las autoridades judiciales de origen –los jueces de control–, en uso del bloque de constitucionalidad y sin desconocer los razonamientos de la Corte Interamericana de Derechos Humanos, aún están en capacidades de optar por imponerla automáticamente. Ante esto, se puede recurrir al juicio de amparo para que se declare su inconvencionalidad y, en su caso, se concedan efectos restitutorios ante la violación a los derechos humanos de los quejosos promoventes de esta instancia.

Ahora bien, con base en esta condena a México, los criterios con respecto a su adopción han bifurcado al país: derivado de la resolución de contradicción de criterios adoptados por diversos tribunales colegiados de circuito, las entidades federativas pertenecientes a la Región Centro-Norte están obligadas a inaplicarla,[126] mientras que las entidades federativas pertenecientes a la Región Centro-Sur están obligadas a aplicarla. [127]

Esta "obligación", como todo en el Derecho, tiene matices y está sujeto a la discrecionalidad de interpretación de quienes lo aplican. Por ejemplo, un tribunal colegiado perteneciente a un circuito de la Región Centro-Norte –supuestamente obligado a inaplicar la prisión preventiva oficiosa– puede válidamente decidir imponer la prisión preventiva oficiosa en determinado proceso judicial, bajo el argumento de que un órgano superior al Pleno Regional en Materia Penal de la Región Centro-Norte –la Suprema Corte de Justicia de la Nación– ya ha determinado que las restricciones a derechos humanos contenidos en la Constitución prevalecen sobre los derechos humanos en los tratados internacionales. En otras palabras, podría deslegitimar el criterio de su superior regional y, en una zona gris respecto al desacato o no de una jurisprudencia obligatoria, decretar la imposición de dicha medida cautelar.

---

[126] **Contradicción de criterios 40/2023.** Pleno Regional en Materia Penal de la Región Centro-Norte. Resuelta: Julio 13, 2023. Magistrado Ponente: Samuel Meraz Lares. Suscitada entre el Quinto Tribunal Colegiado del Décimo Quinto Circuito y el Primer Tribunal Colegiado en Materia Penal del Primer Circuito.

[127] **Contradicción de criterios 46/2023.** Pleno Regional en Materia Penal de la Región Centro-Sur. Resuelta: Noviembre 9, 2023. Magistrada Ponente: Carla Isselin Talavera. Suscitada entre el Primer y el Tercer Tribunal Colegiado, ambos del Vigésimo Noveno Circuito.

Así, tenemos que el Derecho constitucional del enemigo genera una profunda incertidumbre para quienes participan en el proceso penal. En el caso mexicano, a la luz del bloque de constitucionalidad, esta incertidumbre se agrava debido a que la aplicación de la ley y la protección de los derechos humanos pueden depender de la interpretación individual de cada persona juzgadora. Esto no sólo socava la confianza en el sistema de justicia penal, sino que también debilita la intención de establecer pilares fuertes del sistema penal acusatorio en una constitución. La legitimidad del proceso penal debe basarse en la certeza de un debido proceso y, para ello, es esencial que las reglas del juego sean claras para todas las personas.

4. Violación a derechos humanos

El sistema penal acusatorio está diseñado de tal forma en que la presunción de inocencia sea la brújula que controle el impulso del poder punitivo de privar arbitrariamente de la libertad a personas inocentes. La credibilidad del sistema de justicia penal se sostiene en su capacidad de sancionar a quien así lo merece y, por ende, a la inversa, los sistemas penales se diseñan con la intención de que resulte más fácil que se libere a un culpable que a un inocente.[128]

Hay que recordar que el garantismo penal implica que el Derecho penal debe proteger al débil contra el más fuerte, ya

---

[128] **Principio de presunción de inocencia. Su interrelación con otros principios del modelo penal acusatorio.** Jurisprudencia. Amparo directo 4/2022. Pleno de la Suprema Corte de Justicia de la Nación. Clave P./J. 8/2023 (11a.) (*SJF: 11ª época, T I, Diciembre, 2023, p. 222*). Disponible en línea: Semanario Judicial de la Federación <https://sjf2.scjn.gob.mx/detalle/tesis/2027822>. Registro 2027822. (Consulta: Septiembre 1, 2024).

que a través de él despliega su lado más violento.[129] Las personas que se enfrentan al poder punitivo del Estado deben hacerlo frente a una estructura mucho más poderosa que ellas, compuesta por Agentes del Ministerio Público, policías, analistas y peritos. En este escenario, el derecho humano –y principio– de presunción de inocencia se convierte en un mecanismo fundamental para intentar equilibrar esta balanza desigual.

Pues bien, en el contexto de una aparente democracia constitucional, el Derecho constitucional del enemigo resulta, por sí mismo, contradictorio. Implicaría entonces, que existe una dicotomía constitucional, o bien, un doble sistema: uno aplicable para el *enemigo* y otro aplicable para el *ciudadano.*

En este orden de ideas, en un primer nivel de análisis, tenemos que el Derecho constitucional del enemigo se aparta de las normas constitucionales que rigen el garantismo penal de un sistema penal acusatorio a la luz de que el *enemigo* debe tratarse como tal, no como un *ciudadano.* Esto es, preliminarmente, tenemos que existe un trato diferenciado al enemigo.

En un segundo nivel de análisis, tenemos que el Derecho constitucional del enemigo, al cambiar las reglas del juego durante el proceso penal, preponderantemente se aplica a aquellas personas que, jurídicamente, aún no se tiene comprobado que sean este hipotético *enemigo.* Esto, principalmente, porque aún no existe sentencia definitiva que determine su culpabilidad más allá de toda duda razonable.

Por consiguiente, al violar este derecho humano y principio rector de presunción de inocencia, este trato diferenciado es injustificado. No importa qué tan leves o graves sean estas violaciones a derechos humanos, no se puede justificar tratar diferenciadamente, en perjuicio de su debido proceso, a alguien que se considera inocente.

---

129 Ferrajoli, Luigi. **Garantismo penal**, Ob. Cit., p. 13.

Como se hace referencia en la doctrina de la Suprema Corte de Justicia de la Nación mexicana, la presunción de inocencia teje la interdependencia de los derechos humanos involucrados en un proceso penal.[130] Si un proceso penal comienza sin la presunción de inocencia, todo el procedimiento se verá afectado por una distorsión insalvable desde el principio, y su validez constitucional siempre estará en duda.[131]

Con respecto a la prisión preventiva oficiosa –que es un claro ejemplo de una figura que representa el Derecho constitucional del enemigo–, esta medida cautelar se declaró inconvencional por violar los derechos humanos a no ser privado de la libertad arbitrariamente,[132] al control judicial de la privación de la libertad,[133] a la presunción de inocencia,[134] así como a la igualdad y no discriminación.[135] La **Tabla 5** servirá para sintetizar los razonamientos de la Corte Interamericana de Derechos Humanos en cuanto a la inconvencionalidad de la prisión preventiva oficiosa.

---

130 **Principio de presunción de inocencia. Su interrelación con otros principios del modelo penal acusatorio**, Ob. Cit.

131 Loc. Cit.

132 *Véase* **Convención Americana sobre Derechos Humanos.** OEA, San José, Noviembre 22, 1969, art. 7.3.

133 *Véase* **Convención Americana sobre Derechos Humanos.** OEA, San José, Noviembre 22, 1969, art. 7.5.

134 *Véase* **Convención Americana sobre Derechos Humanos.** OEA, San José, Noviembre 22, 1969, art. 8.2.

135 *Véase* **Convención Americana sobre Derechos Humanos.** OEA, San José, Noviembre 22, 1969, art. 24.

Tabla 5: Razonamientos de la Corte Interamericana de Derechos Humanos respecto a la inconvencionalidad de la prisión preventiva oficiosa.

DERECHO HUMANO VIOLADO	RAZONAMIENTO
A no ser privado de la libertad arbitrariamente y a la presunción de inocencia[136]	• Para que la privación de la libertad no sea arbitraria, la medida cautelar debe pasar el test de proporcionalidad[137] y ser suficientemente motivada.[138] • La naturaleza automática de esta figura implica que no existe un debate previo a su imposición. • Al no exponerse las consideraciones que la justifiquen, es arbitraria.
Al control judicial de la privación de la libertad[139]	• Un control real implica que la persona imputada *lato sensu* pueda controvertir los hechos o discutir el fundamento; • La oficiosidad limita el margen de decisión del juez y, por tanto, su independencia. • Al no justificar su imposición, carece de control judicial previo.

136 *Véase* **Caso Tzompaxtle Tecpile y otros vs. México**, Ob. Cit., párr. 97; **Caso García Rodríguez y otro vs. Méxic**o, Ob. Cit., párr. 156.

137 Esto es, debe cumplir con los siguientes requisitos: 1) seguir un fin –constitucional o convencionalmente– legítimo; 2) ser idónea; 3) ser necesaria; y 4) ser proporcional en estricto sentido.

138 En otros términos, el peligro procesal no se presume, sino que se debe estudiar a la luz de las circunstancias de cada caso concreto.

139 *Véase* **Caso García Rodríguez y otro vs. Méxic**o, Ob. Cit., párr. 170.

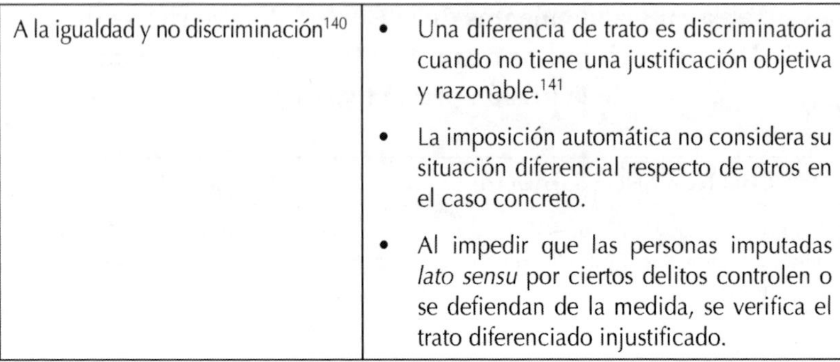

A la igualdad y no discriminación[140]	• Una diferencia de trato es discriminatoria cuando no tiene una justificación objetiva y razonable.[141] • La imposición automática no considera su situación diferencial respecto de otros en el caso concreto. • Al impedir que las personas imputadas *lato sensu* por ciertos delitos controlen o se defiendan de la medida, se verifica el trato diferenciado injustificado.

Fuente: Elaboración propia, con base en "Caso Tzompaxtle Tecpile y otros vs. México" y "Caso García Rodríguez y otro vs. México".

Como se mencionó en la caracterización del fenómeno del Derecho constitucional del enemigo, existen algunos principios que no están sujetos a excepción, o que –desde un plano lógico– su excepción sería absurda. Este es el caso de las excepciones a la presunción de inocencia. Con esta figura, resulta absurdo imponer una prisión preventiva en una etapa tan preliminar del proceso penal, donde se manejan estándares probatorios meramente probabilísticos o argumentativos, especialmente con una medida cautelar tan lesiva al derecho humano de libertad personal; pareciéndose así más a una pena anticipada que a una medida cautelar.

De esta forma, de una interpretación sistemática de la Constitución Política de los Estados Unidos Mexicanos, resulta un contrasentido o una resistencia al espíritu del legislador de establecer los principios rectores del sistema penal acusatorio mexicano en el artículo 20 constitucional, en el apartado dogmático –o "De los Derechos Humanos y sus Garantías"–, pero

140 Ídem., párr. 172.

141 "Objetiva" en el sentido que persiga un fin legítimo y "razonable" en el sentido que exista una relación de proporcionalidad entre los medios usados y el fin perseguido.

establecer una figura como la prisión preventiva oficiosa en el artículo 19 constitucional.

Esta figura no atiende eficazmente las circunstancias particulares del crimen en México y, aunque lo hiciera, tales circunstancias no pueden justificar la violación de derechos humanos. Una constitución no puede ser inconstitucional, pero sí puede violar derechos humanos.[142] El Derecho constitucional del enemigo viola la igualdad y no discriminación, la libertad personal y la presunción de inocencia; su existencia en el orden jurídico mexicano es una afrenta a los principios fundamentales de una democracia constitucional.

---

142 Martínez Razo, Jorge, Ob. Cit.

CONCLUSIONES DEL CAPÍTULO III.

- El Derecho constitucional del enemigo tiene 3 grandes características: 1) su adopción en la constitución; 2) la indeterminación del enemigo; y 3) la excepción a principios generales.
- En cuanto a su adopción en la constitución, en el marco de una democracia constitucional, esto sucede para neutralizar los efectos de los medios de control constitucional que, de lo contrario, se encargarían de anular el Derecho constitucional del enemigo.
- Además, la confluencia del populismo penal y el Derecho penal simbólico genera que la determinación del *enemigo* no sea fija y, por ende, pueda cambiar –por adición, generalmente– constantemente.
- Finalmente, otra característica fundamental del Derecho constitucional del enemigo es que establece un trato diferenciado hacia el *enemigo* en comparación con el *ciudadano*. Esto se refleja especialmente en la creación de excepciones a principios generales, como a la presunción de inocencia, permitiendo la imposición de la prisión preventiva oficiosa en etapas muy tempranas del proceso penal.
- Ahora bien, aunque la caracterización del Derecho constitucional del enemigo enfatizó la constitucionalización de la restricción de garantías, esto no excluye que otras características del Derecho penal del enemigo también se puedan constitucionalizar.
- Habiendo establecido lo anterior, de esta radiografía del Derecho constitucional del enemigo se desprenden las siguientes deficiencias y peligros: 1) sus semejanzas con el sistema penal inquisitivo; 2) su ineficacia en controlar el crimen; 3) la incertidumbre jurídica que provoca; y 4) las inherentes violaciones a derechos humanos que significa su aplicación.
- El Derecho constitucional del enemigo se asemeja al sistema penal inquisitivo al adoptar figuras propias de este modelo, como la consideración de las personas imputadas *lato sensu* como objetos del proceso. Estas características promueven la desindividualización y deshumanización de los acusados dentro del marco del proceso penal.
- Por su parte, es ineficaz en controlar al crimen por su carencia de contenido político-criminal. Tendencias como la restricción de garantías procesales, lejos de contribuir a que el culpable no quede impune o a proteger a las víctimas, simplemente otorgan un cheque en blanco para el ejercicio arbitrario del poder punitivo.

- Asimismo, genera incertidumbre jurídica en la aplicación de disposiciones en materia de derechos humanos ante el coto vedado que le otorga el estar adoptado en una constitución. El Derecho constitucional del enemigo representa el dilema de que, en caso de privilegiar el principio pro persona, se inaplicarían –o desobedecerían– disposiciones constitucionales.
- El peligro más evidente de estas figuras radica en su violación de derechos humanos, como el derecho a la libertad personal y la presunción de inocencia. Esto se ha evidenciado en las resoluciones de la Corte Interamericana de Derechos Humanos emitidas en los casos "Tzompaxtle Tecpile y otros vs. México" y "García Rodríguez y otro vs. México".

Capítulo IV.

Tácticas de contención

"Por ello, la admisión jurídica del concepto de enemigo en el derecho (que no sea estrictamente de guerra) siempre ha sido, lógica e históricamente, el germen o primer síntoma de la destrucción autoritaria del estado de derecho".[143] Parece existir un consenso en la literatura jurídica-penal predominante en que el Derecho penal del enemigo contiene muchos vicios contagiosos y, por consiguiente, no debería existir. No obstante lo anterior, la realidad indica que la tendencia de este fenómeno es creciente y expansionista, mutando a lo que se ha definido en este trabajo como *Derecho constitucional del enemigo.*

En los capítulos que anteceden –a grandes rasgos– se construyó el *ser* del Derecho constitucional del enemigo. Se realizó una radiografía de su configuración, para posteriormente examinarla críticamente. En línea con la estructura planteada, en el presente capítulo se construirá el *deber ser* para contener este fenómeno legislativo, desarrollando lo siguiente: A) paradigma de tácticas de contención; y B) propuesta de tácticas de contención.

A. PARADIGMA DE TÁCTICAS DE CONTENCIÓN

Si consideráramos el sistema penal garantista como una construcción, su cimiento fundamental debería ser la idea de que debe actuar como un medio de contención frente a los impulsos perversos de abusar del poder punitivo. Si imaginamos al Estado, en su ejercicio del poder punitivo, como un

143 Zaffaroni, Eugenio R., Ob. Cit., p. 160.

verdugo, entonces el sentido del Derecho penal en un sistema garantista radica en controlar a ese verdugo.[144]

El Derecho penal o constitucional del enemigo representa el fracaso del constitucionalismo en su aspiración de evitar o controlar el abuso de poder. Es contradictorio, e incluso iluso, afirmar que un sistema penal es garantista[145] si este permite o consiente, de cualquier forma, un trato diferenciado hacia el "enemigo", especialmente cuando no existe una declaratoria de guerra que lo justifique, cuya admisibilidad correspondería al Derecho internacional humanitario.

El paradigma de las tácticas o medios de contención del Derecho penal del enemigo ha sido desarrollado por autores como Günther Jakobs, Eugenio Raúl Zaffaroni y Manuel Cancio Meliá. Sus propuestas resultan insuficientes para alcanzar el objetivo de detener o contener el avance del Derecho constitucional del enemigo.

Con respecto a Jakobs, el penalista Zaffaroni acertadamente señaló que su mayor logro fue desenmascarar la tendencia represiva de la legislación penal como "*Derecho penal del enemigo*".[146] No obstante, también fue certero al criticar la propuesta de Jakobs para contener esta tendencia, la cual consiste en legitimarla parcialmente para evitar que todo el Derecho penal se transforme en un Derecho penal del enemigo, proponiendo así que ambos convivan.[147] Es decir, Jakobs busca limitar el Derecho penal del enemigo a un círculo de enemigos claramente determinados para evitar su expansión.

---

144 *Véase* Martínez Razo, Jorge, Ob. Cit.

145 Que proteja derechos fundamentales, sea transparente, prevenga el abuso de poder, garantice la controversia y delinee claramente la responsabilidad de la acusación.

146 Zaffaroni, Eugenio R., Ob. Cit., p. 166.

147 Ídem., p. 167.

Sin embargo, la dinámica del poder tiende a corromper, y el Derecho constitucional del enemigo, como una tendencia creciente y expansiva, fomenta el abuso del poder punitivo. Como bien señala Zaffaroni, la propuesta de Jakobs es la medicina que mata al paciente.[148] La arquitectura de un sistema penal garantista ideal adopta al debido proceso como un principio sin excepciones en que no se admita y, por el contrario, reprima cualquier pulsación autoritaria de quienes detentan el poder punitivo

Con esto en mente, tanto Zaffaroni como Cancio Meliá coinciden en sus propuestas de tácticas de contención: el Derecho penal –y, en este caso, constitucional– del enemigo debe eliminarse.[149] En palabras de Zaffaroni, legitimarlo parcialmente "*irremediablemente conduce y acaba en el estado absoluto de Carl Schmitt, [...] pues el concepto de enemigo no admite limitaciones*".[150] A mayor abundamiento, esto se alinea con la postura de Cancio Meliá, consistente en que "*el 'Derecho penal' del enemigo contamina con especial facilidad – como un poco de aceite industrial un medio acuático natural- el Derecho penal ordinario*".[151]

Aunque se reconoce que las tácticas de contención propuestas son insuficientes, no por ello dejan de ser acertadas. El Derecho constitucional del enemigo no puede ser admitido parcialmente en una democracia constitucional, ya que, como un cáncer, si no se extirpa, se extiende. Sin embargo, la propuesta de contención es insuficiente porque, aunque en teoría bastaría con una reforma constitucional que derogue estas disposiciones, esto no sucederá. No existe voluntad política para

---

148 Ídem., p. 177.

149 *Véase* Ídem., pp. 168-169; Cancio Meliá, Manuel. "De nuevo: ¿'Derecho penal' del enemigo?" En: Jakobs, G. y Cancio Meliá, M. **Derecho penal del enemigo.** 2a ed., España, Editorial Civitas, 2006, p. 28.

150 Zaffaroni, Eugenio R., Ob. Cit., p. 169

151 Cancio Meliá, Manuel, Ob. Cit., p. 28.

visibilizar y comprender el fenómeno y sus implicaciones; mucho menos para contenerlo.

Aunque el punitivismo penal y el Derecho penal simbólico son ineficaces para controlar el crimen, lo cierto es que sus efectos simbólicos son efectivos para retener el voto de gran parte de la población. Si no fuera así, el Poder Legislativo optaría por tendencias legislativas con mejores efectos propagandísticos. Al final del día, el voto popular –especialmente en democracias constitucionales– es poder, y a los grupos de poder político les interesa retener ese poder.

Por lo anterior, es importante implementar tácticas de contención más allá de la eliminación del Derecho constitucional del enemigo. La tendencia creciente de este fenómeno exige ampliar la visión de túnel previamente descrita para encontrar alternativas que no dependan de la voluntad política del Poder Legislativo, como se desarrollará a continuación.

B. PROPUESTA DE TÁCTICAS DE CONTENCIÓN

Una de las causas que origina el Derecho constitucional del enemigo es la ilusión de que este modelo atiende a las circunstancias particulares de criminalidad en la región donde se adopta, con la intención de controlarlas. Pero, ¿qué sucedería si existiera una alternativa verdaderamente eficaz –y más lógica– para combatir el crimen que no requiriera cambios legislativos tan profundos? Por otro lado, el Derecho penal del enemigo evolucionó hacia un Derecho constitucional del enemigo, precisamente, para neutralizar los medios de control constitucional en su contra. Entonces, ¿qué pasaría si los medios de control constitucional se transformaran en mecanismos de protección de los derechos humanos?

Debido a que la táctica de contención más eficaz –eliminar el Derecho constitucional del enemigo de todo sistema jurídico–

es la menos probable que se ejecute –por ausencia de voluntad política–, a continuación se desarrollan dos propuestas alternativas de contención: 1) política criminal de persecución penal estratégica; y 2) derechos humanos como eje central de democracia constitucional.

1. Política criminal de persecución penal estratégica

Uno de los objetivos más retóricamente poderosos de la constitucionalización del Derecho penal del enemigo es el control del crimen. En consecuencia, una táctica efectiva para contener el Derecho constitucional del enemigo es abordar la criminalidad desde un enfoque más idóneo: la implementación de una política criminal de persecución penal estratégica.

La política criminal, entendida como un componente de la política pública del Estado, es en esencia la materialización del Derecho penal *lato sensu.*[152] La investigación y persecución de los delitos, a cargo del Ministerio Público, constituye sólo un componente de la política criminal. En otras palabras, aunque la política criminal y la persecución penal estratégica comparten un mismo centro, tienen diferente circunferencia.

Si bien es cierto que una buena política criminal es una buena política de prevención del delito –a través de una política social integral–, también es cierto que la evolución de la criminalidad hacia fenómenos más complejos exige abandonar la lógica del "caso por caso" y adoptar una perspectiva más estratégica en la persecución penal.[153]

---

[152] Zaffaroni, Eugenio Raúl. **Tratado de Derecho Penal–Parte General.** T I, Argentina, Ediar Editora, 1998, p. 151.

[153] Rodríguez, Alejandro. "Persecución penal estratégica: una propuesta de política criminal". Disponible en línea: **Centro de Estudios de Justicia de las Américas.** 2016, p. 84, <https://biblioteca.cejamericas.org/bitstream/handle/2015/2996/persecucionpenalestrategica.

Según Alberto Binder, una visión democrática de la eficacia del proceso penal no significa, ni debe significar, un debilitamiento al sistema de garantías.[154] En una democracia constitucional, la persecución penal –entendida como una actividad organizada por el Estado para combatir la impunidad– debe respetar los límites del garantismo penal como condición esencial de la legitimidad del ejercicio del poder punitivo.[155]

Bajo esta premisa, la persecución penal estratégica se basa en cuatro principios básicos: 1) la dirección de la investigación por parte del Ministerio Público; 2) proactividad, entendida como la planificación de las investigación con base en criterios y decisiones de política criminal; 3) racionalización y optimización de recursos, buscando la salida alterna más óptima a la luz de los principios de mínima intervención y proporcionalidad; y 4) rendición de cuentas.[156]

Operativamente, la persecución penal estratégica puede manifestarse de dos formas: 1) mediante un modelo o sistema de gestión de casos que oriente al Ministerio Público a adoptar la solución menos compleja, más temprana y que requiera menos inversión; y 2) a través de un modelo o sistema de priorización de casos que identifique y establezca un tratamiento diferenciado para aquellos casos considerados prioritarios.[157]

---

pdf?sequence=1&isAllowed=y>. (Consulta: Septiembre 1, 2024); Binder. Alberto. "Tensiones político-criminales en el proceso penal". Disponible en línea: **Instituto de Ciencia Procesal Penal**. 2007, p. 18, <https://inecip.org/wp-content/uploads/INECIP-Binder-Tensiones-politico-criminales.pdf>. (Consulta: Septiembre 1, 2024).

154 Binder. Alberto, Ob. Cit., p. 17.

155 Loc. Cit.

156 Rodríguez, Alejandro, Ob. Cit., pp. 86-89.

157 De la Garza Santos, Iván. "¿Qué es el Modelo de Tres Pisos? ¿Cómo puede ayudar a mejorar el desempeño de las fiscalías en México?" Disponible en línea: **Estudios Jaliscienses**. Vol. 132, 2023, p. 9, 12, <https://www.estudiosjaliscienses.com/wp-content/

Los matices que dotan de contenido a estos modelos son eminentemente político-criminales y, por lo tanto, dependen de la definición de la política de persecución penal que establezcan las Fiscalías correspondientes.

Dado que el enfoque que adopte una política criminal de persecución penal estratégica puede variar dependiendo del entorno y contexto social de la criminalidad que busca abatir, así como de las necesidades administrativas que busca atender –como evitar la sobrecarga endémica de trabajo y gestionar mejor los recursos–, es necesario que cuente con una metodología que garantice su reproducibilidad y transparencia en la obtención de resultados.

En este sentido, el proceso de planificación de una persecución penal estratégica conlleva –al menos– las siguientes cinco etapas: 1) diagnóstico de la situación administrativa y de la carga de trabajo; 2) formulación de una estrategia con objetivos, metas e indicadores de evaluación; 3) implementación de la estrategia formulada; 4) evaluación de los resultados obtenidos; y 5) rendición de cuentas.[158]

En suma, una persecución penal estratégica ofrece una visión más eficaz y eficiente para combatir la criminalidad que la constitucionalización del Derecho penal del enemigo. Su enfoque metodológico de planificación, evaluación y mejora continua es mucho menos lesivo que la restricción de derechos humanos de los considerados como *enemigos*, así como permite

---

uploads/2023/04/132.-Qu%C3%A9-es-el-Modelo-de-Tres-Pisos.pdf>. (Consulta: Septiembre 1, 2024).

158 Beatriz Marsili, Marina. "Planificación para la persecución penal estratégica. La impronta investigativa desde la investigación compleja". Disponible en línea: **Revista de Pensamiento Penal**. No. 452, 2023, p. 3 <https://www.pensamientopenal.com.ar/system/files/Documento_Editado865.pdf> (Consulta: Septiembre 1, 2024); Rodríguez, Alejandro, Ob. Cit., pp. 32-35.

obtener y visibilizar mejores resultados en el marco de una democracia constitucional.

Por lo tanto, una manera proactiva de contener el Derecho constitucional del enemigo es abordar las causas que lo originan y visibilizar los resultados a través de una política criminal de persecución penal estratégica. Presentándose como una solución óptima que efectivamente permite combatir el crimen atendiendo las circunstancias particulares del Estado, la implementación de una visión estratégica de la persecución penal puede inhibir el impulso legislativo hacia el Derecho constitucional del enemigo y frenar su expansión. Eventualmente, en el ideal aspiracional, esta estrategia podría hacer que resulte racional –como siempre debió ser– para que el Poder Legislativo opte por eliminar el enfoque del *enemigo*.

2. Derechos humanos como eje central de la democracia constitucional

Desde los albores del desarrollo de las teorías políticas clásicas, se ha comprendido que el poder ejerce una seducción sobre quienes lo detentan, similar al canto de las sirenas que atrajo a Ulises, incitándolos a abusar de su posición.[159] Por consiguiente, en la literatura dedicada al diseño de modelos de arquitectura constitucional, la premisa fundamental es la imposición de límites al poder. Esto busca llenar los vacíos que podrían propiciar la discrecionalidad y, por ende, prevenir arbitrariedades.

---

159 Gargarella, Roberto. "Constitucionalismo vs. Democracia". En: **Enciclopedia de Filosofía y Teoría del Derecho**, vol. 3, Instituto de Investigaciones Jurídicas-Universidad Nacional Autónoma de México, 2015, pp. 1998-1999.

Sin perjuicio de la noble intención de esta premisa, la excesiva regulación de la esfera pública ha conducido a su burocratización –con todas las connotaciones negativas que esto conlleva– y ha propiciado un aumento en la corrupción. De manera paradójica, el incremento en la cantidad de normativas para regular la función pública ha posibilitado que aquellos responsables de su creación –es decir, las autoridades– establezcan un sistema altamente complejo y elitizado que beneficia a unos pocos.

Entre tanto se adopte una política criminal de persecución penal estratégica para eliminar paulatinamente el fenómeno del Derecho constitucional del enemigo, es inevitable que este último seguirá generando sus efectos nocivos a los derechos humanos de aquellos que, en el proceso penal, son declarados enemigos. Por ello, una democracia constitucional robusta debe contar con herramientas para contener los efectos nocivos e incentivos perversos de este fenómeno mientras persista.

No obstante lo anterior, ésta no es la realidad actual. El Derecho constitucional del enemigo surge como una respuesta para neutralizar los mecanismos de control constitucional, otorgándole su propio *coto vedado* al Derecho penal del enemigo. Así, para contrarrestar los fines perversos que persigue, es necesario superar la *señal de alto semántica* de que la constitución no puede ser inconstitucional para concebir que, en efecto, puede violar derechos humanos.[160]

No basta con que la democracia constitucional se limite a restringir el poder; es esencial que tenga claro el propósito de dicho control. La respuesta radica en la esencia misma del principio liberal: la protección de los derechos humanos. En este sentido, el principio de supremacía constitucional –entendida como la combinación de diversas técnicas de control del

---

160 Martínez Razo, Jorge, Ob. Cit.

poder dirigidas a limitar abusos– tiene como misión asegurar que los derechos humanos se conviertan en una *esfera inviolable*, un verdadero *coto vedado.*

En otros términos, esta propuesta de una nueva noción de democracia constitucional no es algo novedoso, sino más bien una evolución de su esencia misma. El eje central de la democracia constitucional debe ser la protección de los derechos humanos, limitando el poder de la autoridad ante posibles arbitrariedades, incluso frente a actos que pretendan justificarse mediante la propia constitución. En este aspecto, los derechos humanos deben constituir el núcleo central de la protección de las personas frente al poder estatal.

Para cambiar este paradigma, se debe superar la doble finalidad de los mecanismos de control constitucional propuesta por Ignacio Burgoa –especialmente en referencia al juicio de amparo– que busca proteger tanto los derechos del gobernado como preservar el orden constitucional.[161] Esta perspectiva debe replantearse de la siguiente manera: los mecanismos de control constitucional deben proteger los derechos humanos y buscar preservar el orden convencional. Esto es, no sólo tutelar los derechos fundamentales contemplados en la constitución, sino también garantizar efectivamente los derechos humanos contenidos en tratados –o instrumentos– internacionales de los que el Estado sea parte, incluso cuando dicha protección deba ser contra normas contenidas –y actos emanados de éstas– en la propia constitución.

---

[161] Burgoa, Ignacio. **El Juicio de Amparo.** 20a ed., México, Editorial Porrúa, 1983, pp. 145-148.

CONCLUSIONES DEL CAPÍTULO IV.
• El Derecho constitucional del enemigo representa el fracaso del constitucionalismo en su aspiración de evitar o controlar el abuso del poder. El paradigma de tácticas de contención de este fenómeno consiste, esencialmente, en que se debería eliminar totalmente. Este paradigma no es suficiente. Esto, porque su eliminación depende de la voluntad del Poder Legislativo, quien es su impulsor.
• Para ampliar la visión de túnel previamente descrita, se propone combatir dos causas que originan el Derecho constitucional del enemigo: 1) el combate al crimen; y 2) la neutralización de mecanismos de control constitucional. Así, la propuesta de alternativas consiste en adoptar una política criminal de persecución penal estratégica y en adoptar los derechos humanos como eje central de la democracia constitucional.
• Adoptar una política criminal que privilegie la persecución penal estratégica ofrece una visión más eficaz y eficiente para combatir la criminalidad. Eventualmente, en el ideal aspiracional, implementar esta visión estratégica de la persecución penal puede inhibir el impulso legislativo hacia el Derecho constitucional del enemigo y frenar su expansión.
• En otro orden de ideas, en una democracia constitucional, los mecanismos de control constitucional deben tener como eje central la protección de derechos humanos. Se debe habilitar la protección de los derechos humanos contemplados en tratados internacionales, incluso cuando esta protección deba ser contra normas contenidas –y actos emanados de éstas– en la propia constitución. Sólo así, hasta en tanto sea adopte una visión estratégica de la persecución penal como alternativa de control del crimen, se podrán contener los efectos nocivos e incentivos perversos del Derecho constitucional del enemigo.

Conclusiones

En el presente trabajo se efectuó una radiografía crítica del Derecho constitucional del enemigo, para posteriormente proponer tácticas o medios de contención. En esencia, se puso en relieve la contraposición teleológica –o tensiones– de las restricciones constitucionales al debido proceso penal a los *enemigos* con el discurso de protección de los derechos humanos de los *ciudadanos.*

En línea con lo anterior, desde la introducción se plantearon las siguientes hipótesis generales a modo de premisas teóricas:

1. El *Derecho penal del enemigo* ha evolucionado hacia un *Derecho constitucional del enemigo,* entendido como un subsistema jurídico dentro del sistema de justicia penal que adopta normas constitucionales para prever un tratamiento diferenciado en el proceso penal o en la sanción de conductas criminales, dirigido a quienes son considerados enemigos del Estado, sin necesidad de una declaración de guerra previa.
2. Aunque el avance de la protección de los derechos humanos sugiere que el Derecho penal del enemigo debería desaparecer debido a su tratamiento diferenciado e injustificado –violando principios fundamentales del proceso penal, como la presunción de inocencia y la proporcionalidad–, el Derecho constitucional del enemigo emerge como una justificación para mantener vigentes estas normas que combaten al *enemigo penal.*
3. Este fenómeno, caracterizado como *Derecho constitucional del enemigo,* se desarrolla naturalmente en el marco de una democracia constitucional, ya que busca neutralizar los mecanismos de control constitucional que, de

no estar integrados en la constitución, anularían estas disposiciones contra el enemigo.

4. El Derecho constitucional del enemigo es inherente a un sistema penal de corte inquisitivo, lo que lo hace incompatible con un sistema de justicia que pretenda ser de naturaleza garantista.

5. Debido a su tendencia creciente, el *Derecho constitucional del enemigo* no puede ser admitido parcialmente en una democracia constitucional, ya que, como un cáncer, si no se extirpa, se extiende. Por ello, el *garantismo* penal y constitucional debe prevalecer para legitimar la lucha contra la criminalidad.

Para probar lo anterior, en el primer capítulo de este trabajo se estudiaron las características del garantismo desde la óptica constitucional y penal, así como su manifestación en el sistema penal acusatorio mexicano. Por su parte, el segundo capítulo se adentró al análisis de las nociones generales del enemigo para, posteriormente, exponer sus especificidades en el Derecho penal y su manifestación en la Constitución mexicana.

Expuestos los dos capítulos anteriores, a la luz de la metodología de la dialéctica, se presentaron la tesis –el garantismo penal– y la antítesis –el enemigo penal– que dieron surgimiento a la siguiente síntesis: el Derecho constitucional del enemigo, materia de desarrollo particular del tercer capítulo. Este planteamiento es importante porque tuvo como intención seguir la metodología de la filosofía analítica: primero entender *el ser*, para posteriormente poder pronunciarnos lo que estimamos debe ser el *deber ser*.

Así, en el tercer capítulo de este trabajo se expuso un análisis detallado de las características específicas del Derecho constitucional del enemigo; mismas que, posteriormente, fueron sometidas a un examen crítico. En otras palabras, primero se realizó una radiografía de este fenómeno y luego se examinó críticamente.

Finalmente, en el cuarto capítulo de este trabajo se presentó una propuesta de tácticas o medios que, a criterio propio, pueden funcionar como contrapeso a, o contención de, este fenómeno. Esta propuesta, en esencia, consiste en atacar dos características del Derecho constitucional del enemigo: su finalidad de combatir eficazmente el crimen y su adopción en la constitución. Esto, a través de la adopción de una política criminal de persecución penal estratégica, así como transitar a una noción de democracia constitucional con los derechos humanos –en contraposición de derechos constitucionales– como su eje central.

Como materia de estudio para futuras investigaciones valdría la pena plantearse la posibilidad de reconfigurar el diseño constitucional de las democracias constitucionales en que se adopte una visión más amplia de protección –en comparación a la que ya proveen los sistemas actuales– a los derechos humanos. Entre las distintas alternativas de modificaciones, además de extender el alcance de protección del juicio de amparo, podrían encontrarse cláusulas infranqueables que prevengan la constitucionalización de figuras contrarias a la esencia sistemática de la propia constitución.

En este orden de ideas, del análisis efectuado podemos destacar lo siguiente:

1. Se identificó el problema: La existencia de un Derecho constitucional del enemigo en una aparente democracia constitucional, a saber, el Estado mexicano.
2. Se realizó un pronóstico: Este fenómeno, además de ser expansivo, no disminuirá, sino todo lo contrario, aumentará.
3. Se planteó un objetivo estratégico: Eliminarlo de todo sistema jurídico o modelo de organización político-jurídica que pretenda ser una democracia constitucional.
4. Se propuso implementar el objetivo estratégico: Contenerlo o detenerlo mediante las tácticas consistentes

en adoptar una política criminal de persecución penal estratégica –para controlar efectivamente el crimen– y replantear la democracia constitucional para que los derechos humanos sean su eje rector –para combatir la característica constitucional del fenómeno–.

A lo largo de la redacción del presente trabajo, mantuve presente una visión que advierte sobre el riesgo de convertirnos en aquello contra lo que luchamos cuando enfrentamos al mal durante un tiempo prolongado. Aunque es cierto que nuestros ojos se adaptan a la oscuridad, no comparto la idea de que ello nos condene a vivir en la penumbra. Al contrario, cuando miramos lo oscuro el tiempo suficiente, podemos encontrar en ello no más *oscuridad,* sino la oportunidad de hallar *luz.*

En la realidad operativa, puede parecer razonable restringir ciertas garantías para combatir al *enemigo.* Sin embargo, en la lucha contra el crimen no podemos adoptar tácticas que erosionen la justicia, corriendo el peligro de asemejarnos a lo que buscamos erradicar.

Como última reflexión, el núcleo del mensaje que se buscó –y espero haber logrado– transmitir es el siguiente: para vencer *el mal,* tenemos que hacer *el bien.*

Mesografía

A. DOCTRINA

a. Libros

Alexy, Robert. **Teoría de los Derechos Fundamentales**. Traducción de Garzón Valdés, Ernesto, Madrid, Centro de estudios políticos y constitucionales, 2001.

Atienza, Manuel. **El sentido del Derecho**. España, Editorial Ariel, 2012.

Barragán Salvatierra, Carlos. **Derecho Procesal Penal.** 3a ed., México, McGraw Hill, 2009.

Binder, Alberto. **Introducción al derecho procesal penal.** Argentina, Editorial *Ad-Hoc,* 1999.

Burgoa, Ignacio. **El Juicio de Amparo.** 20a ed., México, Editorial Porrúa, 1983.

Cancio Meliá, Manuel. "De nuevo: ¿'Derecho penal' del enemigo?" En: Jakobs, G. y Cancio Meliá, M. **Derecho penal del enemigo.** 2a ed., España, Editorial Civitas, 2006.

Carrara, Francesco. **Derecho penal y procedimiento penal**. Opúsculos, 1873.

Comisión Nacional de Derechos Humanos. **Racionalización de la pena de prisión–Pronunciamiento.** Disponible en línea: **CNDH México**. <https://www.cndh.org.mx/sites/all/doc/Informes/Especiales/Pronunciamiento_20160331.pdf>.

Cuéllar, Jaime Bernal y Montealegre Lynett. **El proceso penal. Fundamentos Constitucionales del sistema acusatorio.** 5ª ed., Colombia, Universidad Externado de Colombia, 2004.

Díaz, Elías. **Estado de Derecho y Democracia.** España, Universidad Autónoma de Madrid.

Ferrajoli, Luigi. **Derecho y razón: Teoría del garantismo penal**. Editorial Trotta.

Ferrajoli, Luigi. **Garantismo penal**. México, Universidad Autónoma de México, Serie Estudios Jurídicos, No. 34, 2006.

"Garantías". En: Ferrajoli, Luigi. **Sobre los derechos fundamentales y sus garantías.** Traducción de Carbonell, Miguel, de Cabo, Antonio y Pisarello, Gerardo, México, Comisión Nacional de Derechos Humanos, 2006.

Gargarella, Roberto. "Constitucionalismo vs. Democracia". En: **Enciclopedia de Filosofía y Teoría del Derecho**, vol. 3, Instituto de Investigaciones Jurídicas-Universidad Nacional Autónoma de México, 2015.

Goldschmidt, James Paul. **Problemas jurídicos y políticos del proceso penal.** Barcelona, Bosch, 2000.

Guerra Flores, Angélica. **Introducción al Proceso Penal Acusatorio. Juicios Orales.** México, Oxford University Press, 2015.

Hobbes, Thomas. **Leviatán.** Disponible en línea: <http://bibliotecadigital.tamaulipas.gob.mx/archivos/descargas/31000000555.PDF>.

Ippolito, Darío. **El espíritu del garantismo. Montesquieu y el poder de castigar.** Traducción de Ibáñez, Perfecto Andrés, España, Editorial Trotta, 2018.

Jakobs, G. y Cancio Meliá, M. **Derecho penal del enemigo.** Argentina, Editorial Hammurabi, 2007.

Locke, John. **Ensayo sobre el Gobierno Civil.** 2a ed., México, Editorial Porrúa, 1998.

López Betancourt, Eduardo. **Derecho procesal penal**. 3a ed., México, IURE editores, 2018.

Montesquieu. **Del espíritu de las leyes.** Traducción de Mercedes Blázquez y Pedro de Vega. España, Ediciones Orbis, 1984.

Pietro Sanchis, Luis. **Justicia Constitucional y Derechos Fundamentales.** Madrid, Editorial Trotta, 2003.

Rodríguez-Toubes Muñiz, Joaquín. "La reducción al absurdo como argumento jurídico". En: **Cuadernos de Filosofía del Derecho.** DOXA, vol. 35, 2012.

Rousseau, Juan Jacobo. **El Contrato Social o Principios de Derecho Político.** 3a ed., México, Editorial Porrúa, 1974.

Roxin, Claus. **Derecho Procesal Penal.** Traducción de Gabriela E. Córdoba y Daniel R. Pastor, revisada por Julio B. J. Maier. Argentina, Editores del Puerto, 2000.

Salazar Ugarte, Pedro. **La democracia constitucional. Una radiografía teórica**. México, Instituto de Investigaciones Jurídicas-Universidad Nacional Autónoma de México y Fondo de Cultura Económica, 2006.

Schmitt, Carl. "El Concepto de lo Político". Traducido de la ed. de 1963. Disponible en línea: <https://revistanotaalpie.files.wordpress.com/2014/05/86263651-carl-schmitt-el-concepto-de-lo-politico.pdf>.

Sotomayor Garza, Jesús G. **Introducción al Estudio del Juicio Oral Penal.** México, Editorial Porrúa, 2015.

Suprema Corte de Justicia de la Nación. **Las garantías individuales. Parte general.** Disponible en línea: **Centro de Consulta de Información Jurídica**. 2005, <https://sistemabibliotecario.scjn.gob.mx/sisbib/po_2010/55082/55082_1.pdf>.

Zaffaroni, Eugenio Raúl. **Tratado de Derecho Penal–Parte General.** T I, Argentina, Ediar Editora, 1998.

Zaffaroni, Eugenio Raúl, Alagia, Alejandro y Slokar, Alejandro. **Manual de Derecho penal. Parte general.** 2ª ed., Argentina, Ediar Editora, 2007.

Zaffaroni, Eugenio R. **El enemigo en el derecho penal.** México, Ediciones Coyoacán, 2016.

Zimbardo, Philip. ***The Lucifer Effect. Understanding How Good People Turn Evil.*** Estados Unidos de América, *The Random House Publishing Group*, 2008.

b. Artículos

Beatriz Marsili, Marina. "Planificación para la persecución penal estratégica. La impronta investigativa desde la investigación compleja". Disponible en línea: **Revista de Pensamiento Penal**. No. 452, 2023, <https://www.pensamientopenal.com.ar/system/files/Documento_Editado865.pdf>.

Bell, Emma. "*The Decline of Penal Populism in the UK?*" Disponible en línea: British Society of Criminology. <https://www.britsoccrim.org/wp-content/uploads/2018/12/BSCN83-Bell.pdf>.

Binder. Alberto. "Tensiones político-criminales en el proceso penal". Disponible en línea: **Instituto de Ciencia Procesal Penal**. 2007, <https://inecip.org/wp-content/uploads/INECIP-Binder-Tensiones-politico-criminales.pdf>.

Cavada Herrera, Juan P. "Efectos del agravamiento de las penas frente a la comisión de delitos". Disponible en línea: **Biblioteca del Congreso Nacional de Chile**. 2016, <https://obtienearchivo.bcn.cl/obtienearchivo?id=repositorio/10221/24913/1/Efectos_del_agravamiento_de_las_penas_frente_a_la_comision_de_delitos.pdf>.

Córdova Vianello, Lorenzo. "La democracia constitucional y el control de las reformas constitucionales". 2011. Disponible en línea: **Biblioteca Jurídica Virtual del Instituto de Investigaciones Jurídicas de la UNAM**. No. 1, 2011, <https://archivos.juridicas.unam.mx/www/bjv/libros/6/2955/20.pdf>.

De la Garza Santos, Iván. "¿Qué es el Modelo de Tres Pisos? ¿Cómo puede ayudar a mejorar el desempeño de las fiscalías en México?" Disponible en línea: **Estudios Jaliscienses**. Vol. 132, 2023, <https://www.estudiosjaliscienses.com/wp-content/uploads/2023/04/132.-Qu%C3%A9-es-el-Modelo-de-Tres-Pisos.pdf>.

Deshman, Abby. "*No, Longer Prison Sentences do not Reduce Crime*". Disponible en línea: ***Canadian Civil Liberties Association***. 2022, <https://ccla.org/criminal-justice/no-longer-prison-sentences-do-not-reduce-crime/>.

European Center for Populism Studies. "*Penal Populism*". Disponible en línea: **ECPS**. <https://www.populismstudies.org/Vocabulary/penal-populism/>.

Expansión. "Crece la población en El Salvador en 22.000 personas." Disponible en línea: **Datos macro**. <https://datosmacro.expansion.com/demografia/poblacion/el-salvador>.

Ferrajoli, Luigi. "Democracia constitucional y derechos fundamentales. La rigidez de la constitución y sus garantías". 2008.

Ferrajoli, Luigi. "Derecho penal mínimo y bienes jurídicos fundamentales". Traducción del Antillón, Walter, Revista de Ciencias Penales, Doctrina Extranjera. Disponible en línea: **Corte Interamericana de Derechos Humanos** <https://www.corteidh.or.cr/tablas/r16993.pdf>.

Fuentes Osorio, Juan L. "Formas de anticipación de la tutela penal". Disponible en línea: **Revista Electrónica de Ciencia Penal y Criminología.** <http://criminet.ugr.es/recpc/08/recpc08-08.pdf>.

Giraldo Vélez, Jhon E. "Derecho penal del enemigo y política criminal en Colombia". Disponible en línea: **Facultad de Derecho de la Universidad Católica de Colombia**. <https://repository.ucatolica.edu.co/server/api/core/bitstreams/85d26f0c-7425-43a9-914c-2a67fd51b5ad/content>.

Játiva Guzmán, Héctor D. "Los estados de excepción en Colombia y la aplicación del control de constitucionalidad. Un análisis de la emergencia social producto del COVID 19". Disponible en línea: **Facultad de Derecho de la Universidad CES.** <https://repository.ces.edu.co/

bitstream/handle/10946/4902/1037641242_2020.pdf;jsessionid=FEF338BCD220B8724741F48D0A51294C?sequence=1>.

Martínez Razo, Jorge. "Más allá de la celda: el sistema penal mexicano en tela de juicio". Disponible en línea: **Revista Abogacía**. Edición de mayo 2024, <https://www.revistaabogacia.com/mas-alla-de-la-celda-el-sistema-penal-mexicano-en-tela-de-juicio/>.

National Institute of Justice. "*Five Things About Deterrence*". Disponible en línea: ***U.S. Department of Justice–Office of Justice Programs***. <https://perma.cc/2KJL-SAE8>.

Parra, William J. "El derecho penal y la política criminal de enemigo en Colombia". Facultad de Derecho y Ciencias Sociales, UPTC, 2006.

Rodríguez, Alejandro. "Persecución penal estratégica: una propuesta de política criminal". Disponible en línea: **Centro de Estudios de Justicia de las Américas.** 2016, <https://biblioteca.cejamericas.org/bitstream/handle/2015/2996/persecucionpenalestrategica.pdf?sequence=1&isAllowed=y>.

Turner, Nicholas. "*Research Shows That Long Prison Sentences Don't Actually Improve Safety*". Disponible en línea: ***Vera Institute of Justice***. 2023, <https://www.vera.org/news/research-shows-that-long-prison-sentences-dont-actually-improve-safety>.

Uprimny R., García V. M. (2005) "¿Controlando la excepcionalidad permanente en Colombia? Una defensa prudente del control judicial de los estados de excepción". Documentos de Discusión De Justicia. Bogotá.

C. Documentos legislativos

Asamblea Legislativa de la República de El Salvador. "Asamblea autoriza al Ejecutivo la construcción de centros penales para alojar a reos capturados durante régimen de excepción." Sesión plenaria extraordinaria de abril 20, 2022. Disponible en línea: <https://www.asamblea.gob.sv/node/12097>.

Asamblea Legislativa de la República de El Salvador. "Asamblea respalda al Gabinete de Seguridad con reformas a ley del crimen organizado y de telecomunicaciones." Sesión plenaria extraordinaria de octubre 27, 2022. Disponible en línea: <https://www.asamblea.gob.sv/node/12497>.

Asamblea Legislativa de la República de El Salvador. "Diputados aprueban seis reformas a códigos y leyes relacionadas a la protección de la población, tras crímenes de pandillas." Sesión plenaria extraordinaria de marzo 31, 2022. Disponible en línea: <https://www.asamblea.gob.sv/node/12072>.

Asamblea Legislativa de la República de El Salvador. "Ejecutivo solicita reformas a tres leyes para seguir combatiendo a terroristas." Sesión plenaria extraordinaria de septiembre 14, 2022. Disponible en línea: <https://www.asamblea.gob.sv/node/12406>.

Asamblea Legislativa de la República de El Salvador. "Pleno legislativo aprueba régimen de excepción para frenar ola de violencia." Sesión plenaria extraordinaria de marzo 27, 2022. Disponible en línea: <https://www.asamblea.gob.sv/node/12062>.

Asamblea Legislativa de la República de El Salvador. "Régimen de excepción garantizará seguridad a los salvadoreños por 30 días más." Sesión plenaria extraordinaria de abril 10, 2022. Disponible en línea: <https://www.asamblea.gob.sv/node/13148>.

B. LEGISLACIÓN

a. Mexicana

Código Nacional de Procedimientos Penales. (P. O. Marzo 5, 2014/Enero 26, 2024).

Constitución Política de los Estados Unidos Mexicanos. (P. O. Febrero 5, 1917/Marzo 22, 2024).

b. Comparada

Constitución de la República de El Salvador (El Salvador). (P. O. Diciembre 16, 1983/Junio 19, 2014. Disponible en línea: Asamblea Legislativa de la República de El Salvador <https://www.asamblea.gob.sv/sites/default/files/documents/decretos/69A06B07-4F30-4F0E-8FB1-D664A3E6D8CC.pdf>.

Constitución Política de Colombia (Colombia). (P. O. Julio 20, 1991/Abril 20, 2024). Disponible en línea: Secretaría General del Senado

<http://www.secretariasenado.gov.co/senado/basedoc/constitucion_politica_1991.html#top>.

c. *Internacional*

Convención Americana sobre Derechos Humanos. OEA, San José, Noviembre 22, 1969.

Pacto Internacional de Derechos Civiles y Políticos. ONU, Nueva York, Diciembre 16, 1966.

C. JURISPRUDENCIA

a. Mexicana

Contradicción de criterios 40/2023. Pleno Regional en Materia Penal de la Región Centro-Norte. Resuelta: Julio 13, 2023. Magistrado Ponente: Samuel Meraz Lares. Suscitada entre el Quinto Tribunal Colegiado del Décimo Quinto Circuito y el Primer Tribunal Colegiado en Materia Penal del Primer Circuito.

Contradicción de criterios 46/2023. Pleno Regional en Materia Penal de la Región Centro-Sur. Resuelta: Noviembre 9, 2023. Magistrada Ponente: Carla Isselin Talavera. Suscitada entre el Primer y el Tercer Tribunal Colegiado, ambos del Vigésimo Noveno Circuito.

Derecho al debido proceso. Su contenido. Jurisprudencia. Reiteración de criterios. Primera Sala de la Suprema Corte de Justicia de la Nación. Clave 1a./J. 11/2014 (10a.) (*SJF: 10ª época, T I, Febrero, 2014, p. 396*). Disponible en línea: Semanario Judicial de la Federación <https://sjf2.scjn.gob.mx/detalle/tesis/2005716>. Registro 2005716.

Derecho humano al debido proceso. Elementos que lo integran. Tesis aislada. Amparo en revisión 42/2013. Primera Sala de la Suprema Corte de Justicia de la Nación. Clave 1a. IV/2014 (10a) (*SJF: 10ª época, T II, Enero, 2014, p. 1112*). Disponible en línea: Semanario Judicial de la Federación <https://sjf2.scjn.gob.mx/detalle/tesis/2005401>. Registro 2005401.

Derechos humanos contenidos en la Constitución y en los tratados internacionales constituyen el parámetro de control de regularidad constitucional, pero cuando en la Constitución haya una restricción expresa al ejercicio de aquéllos, se debe estar a lo que establece el texto constitucional. Jurisprudencia. Contradicción de criterios (antes contradicción de tesis) 293/2011. Pleno de la Suprema Corte de Justicia de la Nación. Clave P./J. 20/2014 (10a.) (*SJF: 10ª época, T I, Abril, 2014, p. 202*). Disponible en línea: Semanario Judicial de la Federación <https://sjf2.scjn.gob.mx/detalle/tesis/2006224>. Registro 2006224.

Formalidades esenciales del procedimiento. Son las que garantizan una adecuada y oportuna defensa previa al acto privativo. Jurisprudencia. Reiteración de criterios. Pleno de la Suprema Corte de Justicia de la Nación. Clave P.J. 47/95 (*SJF: 9ª época, T II, Diciembre, 1995, p. 133*). Disponible en línea: Semanario Judicial de la Federación <https://sjf2.scjn.gob.mx/detalle/tesis/200234>. Registro 200234.

Principio de presunción de inocencia. Su interrelación con otros principios del modelo penal acusatorio. Jurisprudencia. Amparo directo 4/2022. Pleno de la Suprema Corte de Justicia de la Nación. Clave P./J. 8/2023 (11a.) (*SJF: 11ª época, T I, Diciembre, 2023, p. 222*). Disponible en línea: Semanario Judicial de la Federación <https://sjf2.scjn.gob.mx/detalle/tesis/2027822>. Registro 2027822.

b. Internacional

Caso García Rodríguez y otro vs. México. Sentencia de la Corte Interamericana de Derechos Humanos. Resuelto: Enero 25, 2023. Presidente: Juez Ricardo C. Pérez Manrique.

Caso Tzompaxtle Tecpile y otros vs. México. Sentencia de la Corte Interamericana de Derechos Humanos. Resuelto: Noviembre 7, 2022. Presidente: Juez Ricardo C. Pérez Manrique.